박스만 채우면 영어회화가 되는

BOX ENGLISH

박스만 채우면 영어회화가 되는

BOX ENGLISH

조이스 박 지음

50개 동사로 완성하는
마법의 영어회화

로그인

'영어 공부는 왜 힘들까?'라는 질문에는 여러 가지 답이 나올 수 있습니다. 이에 대한 연구 논문들을 살펴보면 여러 가지 이유가 있는데, 그중 하나로 구동사phrasal verb가 빠지지 않고 항상 등장합니다. 영어라는 언어를 보면, 그 단점이 장점인지라 구동사의 용법에 매력이 있다고 말하면 지나친 걸까요? 영어가 다른 언어에 비해 규칙성이 떨어져서 학습하기가 더 힘든 것은 분명 단점입니다. 하지만 이 때문에 영어가 다른 문화의 언어와 개념을 받아들이는 포용력을 발휘하는 것은 장점이지요.

구동사는 동사의 용법을 확장하여 표현의 영역을 넓혀 줍니다. 그래서 단어를 끊임없이 새로 만들기보다는 가지를 쳐나갑니다. 예를 들어 'put'이라는 동사는 '놓다', '넣다'라는 뜻으로 쓰입니다. 그런데 여기에 전치사나 부사, 혹은 전치사+부사가 되면 의미가 확장되어 다양한 표현으로 쓰이지요.

동사 뒤에 붙는 전치사나 부사, 혹은 전치사+부사를 통틀어서 'particle'이라고 부릅니다. 구동사phrasal verb는 '동사+particle'의 구조를 가진 하나의 의미덩어리 meaningful chunk라고 할 수 있지요.

어휘 연구에서는 다수의 구동사에 대해 관용적idiomatic이라고 말합니다. 관용어idiom라는 말은 많이 들어보았을 것입니다. 여러 개의 단어가 모여 하나의 의미덩어리를 이룰 때 '부분의 합'이 가진 뜻이 '전체'의 뜻과 같지 않을 경우 이를 관용어라고 부릅니다. 즉 많은 경우 구동사는 '동사+particle'의 구조를 가지고 있고, 이 의미

덩어리의 뜻이 동사와 전치사 혹은 부사의 뜻을 합한 의미는 아니라는 것이지요. 바로 이 지점에서 영어가 어려워집니다. 구동사가 관용적이기는 하지만 그렇다고 해서 사용된 동사나 전치사, 부사와 전혀 무관한 뜻을 갖는 것은 아니기 때문에 구동사 속 동사의 뜻과 용법, 전치사와 부사의 뜻과 용법을 살펴서 구동사의 의미를 헤아려야 합니다. 이렇게 의미의 망으로 엮을 때 우리의 뇌도 그것을 오랫동안 기억합니다.

이 책은 이러한 구동사들을 의미의 망으로 엮는 동시에 구동사를 박스 안에 넣어 비주얼화함으로써 학습자들이 보다 쉽게 그 의미를 새기고 이해할 수 있도록 했습니다. 추상적인 개념을 시각화된 자료로 제시하여 효율을 높이는 비주얼 싱킹visual thinking 기법입니다. 그런 만큼 이 책의 목적은 박스box라는 시각적 도구visual tool를 사용하여 구동사 학습의 효율을 높이는 데 있습니다. 2007년에 처음 출판되었고, 서점 MD들에게 품고 있는 콘텐츠만큼 판매량이 나오지 않아 아쉽다는 말을 많이 들었던 책입니다. 재미와 효율을 인정받아 대만에 수출되어 출판되기도 했습니다.

이렇게 전면 개정하여 다시 출간하게 되어 기쁩니다. 손에 잘 들어오는 판형과 산뜻한 디자인, 대폭 수정한 콘텐츠로 이 책이 더 많은 학습자들에게 사랑받았으면 좋겠습니다.

2021년 가을
조이스 박

차 례

break

pick

come❶

get❶

ask

GROUP 01

break

break는
무언가가 압력 등을 받아
'나누어지다', '깨지다', '부서지다',
'쪼개지다' 라는 의미가 있다.

away

(사람 혹은 단체와) **관계를 끊다**
(관습 등을) **버리다**
(갑자기) **떠나다**

- **break away** from the political party
  정당에서 탈퇴하다
- **break away** from the custom
  관습을 버리다

- Lithuania **broke away** from the Soviet Union.
  리투아니아는 소련 연방에서 탈퇴했다.

≒ **get away**

I walked into the shop to **get away** from the tourist group.
나는 그 관광객 무리에서 떨어지려고 그 상점 안으로 들어갔다.

down

분류하다/나누다
(기계 혹은 차가) **고장이 나다**
(질서 등이) **붕괴되다**
cf. 사람보다는 사물을 대상으로 쓴다.

- **break it** down into three pieces
  그것을 세 조각으로 나누다
- **break down** the tutorial into 4 parts
  코칭 수업을 4파트로 나누다

- The consultant **broke down** the organization into three parts.
  그 컨설턴트는 그 조직을 세 부문으로 나누었다.
- Our car **broke down** on the way to the hotel.
  우리 차는 호텔로 가는 도중에 고장이 났다.

≒ **divide A into B**

The teacher **divided** the students **into** several discussion groups.
그 교사는 학생들을 여러 개의 토론 그룹으로 나누었다.

in

침입하다
길들이다
익숙해지게 하다

• **break in** new shoes
새 신발을 길들이다
• **break in** new recruits
신입사원들을 길들이다

• I need to **break in** my hiking boots.
내 하이킹 부츠를 길들여야 해.
• The lady **broke in** a new pair of high heels.
그 숙녀는 새 하이힐을 길들였다.

⇔ **train**

The company **trained** their new hires through tough military drills.
그 회사는 힘든 군사 훈련을 통해 신입사원들을 훈련시켰다.

out

(전쟁, 화재가) 발발하다
(전염병 등이) 갑자기 발생하다
(얼굴 등에 뭐가) 나다

* break는 '갑자기', out은 '드러나다, 나오다'의 뜻이다. outbreak로 하나의 명사가 되어서 갑작스러운 발발, 창궐이라는 뜻으로 쓰인다.

• a fire **breaks out**
화재가 발생하다
• rashes **break out**
뾰루지가 나다

• COVID-19 **broke out** in 2019.
2019년에 코로나 19가 창궐했다.
• The Korean War **broke out** in 1950.
1950년에 한국전쟁이 발발했다.
• Something has **broken out** on my forehead overnight.
밤사이에 내 이마에 뭐가 났어.

⇔ **occur**

The strike **occurred** so suddenly that the management was shocked.
그 파업은 너무 갑작스레 일어나서 경영진들이 충격을 받았다.

up

헤어지다
갈라지게 하다

* break는 '부서지다', '찢어지다', up은 '완전히', '끝까지'의 뜻이다.

• the couple **broke up**
그 연인이 헤어졌다
• he and she are going to **break up**
그와 그녀가 헤어질 것이다.

• The couple **broke up** last month.
그 부부는 지난달에 헤어졌다.

⇔ **separate**

The couple **separated** after two years of marriage.
그 부부는 2년의 결혼 생활 후에 결별했다.

step ① 미합중국(USA)은 1776년에 영국에서 떨어져 나왔다.

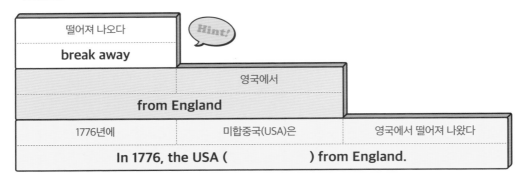

떨어져 나오다		
break away	Hint!	
	영국에서	
	from England	
1776년에	미합중국(USA)은	영국에서 떨어져 나왔다
In 1776, the USA (	**)**	**from England.**

step ② 내 차가 도로 한가운데서 갑자기 고장 났다.

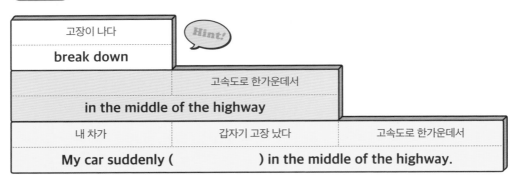

고장이 나다		
break down	Hint!	
	고속도로 한가운데서	
	in the middle of the highway	
내 차가	갑자기 고장 났다	고속도로 한가운데서
My car suddenly (	**)**	**in the middle of the highway.**

step ③ 며칠 전 누군가가 우리 집에 침입했다.

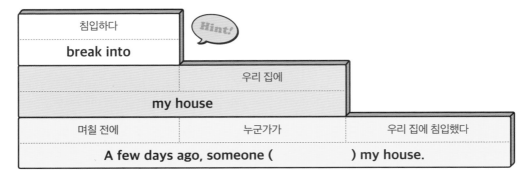

침입하다		
break into	Hint!	
	우리 집에	
	my house	
며칠 전에	누군가가	우리 집에 침입했다
A few days ago, someone (	**)**	**my house.**

break 동사를 사용하여 빈 박스를 채워 보세요.(break-broke-broken)

step ④ 시카고 도심에서 폭동이 발발했다.

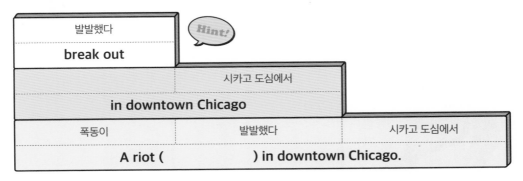

발발했다	Hint!
break out	

	시카고 도심에서	
	in downtown Chicago	

폭동이	발발했다	시카고 도심에서
A riot (	) in downtown Chicago.	

step ⑤ 잭은 지난주에 여자친구 다나와 헤어졌다.

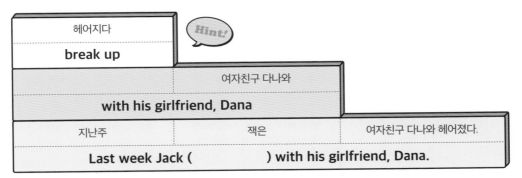

헤어지다	Hint!
break up	

	여자친구 다나와	
	with his girlfriend, Dana	

지난주	잭은	여자친구 다나와 헤어졌다.
Last week Jack (	) with his girlfriend, Dana.	

Answer

❶ In 1776, the USA broke away from England.
❷ My car suddenly broke down in the middle of the highway.
❸ A few days ago, someone broke into my house.
❹ A riot broke out in downtown Chicago.
❺ Last week Jack broke up with his girlfriend, Dana.

get ①

get 은
무언가를 '받거나 얻다', 혹은 '잡거나 가져오다'라는 의미. 실질적으로 물건을 받거나 얻거나 사는 경우에도 쓰이고, 눈에 보이지 않는 것을 이해해서 얻는 경우에도 쓰인다.

ahead

성공하다, 잘나가다
* ahead가 '앞쪽으로'라는 뜻이므로 get ahead는 '앞쪽에서 나아가다'라는 의미로 생각하면 된다.

- **get ahead in business**
  사업에서 성공하다
- **how to get ahead in advertising**
  광고에서 성공하는 법

- **If you want to get ahead in your career, you need to create opportunities.**
  직업에서 성공하고 싶다면 기회를 만들어야 한다.

⊜ **do well**

He is **doing well** in his job of managing large accounts.
그는 주요 고객사들을 관리하는 일을 잘하고 있다.

along

사이좋게 지내다
일이 잘 풀리다

- **get along with her sister-in-law**
  그녀의 시누이와 사이좋게 지내다
- **get along with your colleagues**
  당신 동료들과 사이좋게 지내다

- **I get along better with guys than with girls.**
  난 여자보다 남자랑 더 잘 지내.
- **He never got along with his dad.**
  그는 아버지와 잘 지낸 적이 없다.

⊜ **be on good terms**

Sue **is not on good terms** with her mother-in-law.
수는 시어머니와 사이가 좋지 않다.

away

(힘들게) 벗어나다

(일에서 벗어나) **여행을 가다**

cf. getaway는 명사로 무언가로부터
벗어나는 여행, 바쁘게 살다가
휴식을 취하는 여행을 말한다.

- **get away** from it all
  그 모든 일에서 벗어나다
- **get away** from the crowd
  군중에서 벗어나다

- Are you looking for a
  good place to **get away**
  this summer?
  이번 여름에 휴가 떠날 곳을 찾으세
  요?

⊜ **break away**

The student **broke
away** from his class and
wandered around by
himself.
그 학생은 자기 반에서 떨어져 나와 혼
자서 돌아다녔다.

away with

나쁜 짓을 하고 벌을 모면하다

* get은 '가다', away는 '멀리', with ~ 는
'~라는 짓을 가지고'의 뜻으로 쓰였으
므로, '~라는 짓을 하고 멀리 가다'라는
의미다.

- **get away with** murder
  살인을 저지르고 벌을 피하다
- **get away with** plagiarism
  표절을 하고 벌을 모면하다

- You cannot just **get away
  with** it!
  네가 그런 일을 하고도 그냥 넘어갈
  순 없지!

⊜ **avoid punishment**

She **avoided punishment**
after slandering others
online.
그녀는 온라인으로 다른 이들을 비방
한 후 처벌을 모면했다.

back to

돌아가다/복귀하다
다시 연락하다

- **get back to** work
  직장에 복귀하다
- **get back to** you
  너에게 다시 연락하다

- A lot of full-time
  housewives want to **get
  back to** work.
  많은 전업주부들이 직장으로 복귀하
  고 싶어 한다.
- If you leave your name and
  number, I'll **get back to** you.
  성함과 (전화)번호를 남기시면 연락
  을 드리겠습니다.

⊜ **return**

I'll **return** your call in the
afternoon.
오후에 응답 전화 드릴게요.

step ① 로버트는 그 경주에서 앞서 나가기를 원했다.

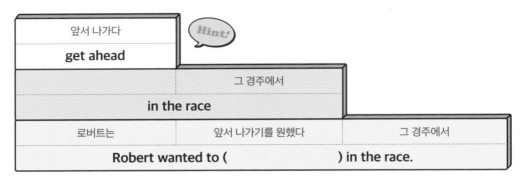

앞서 나가다		
get ahead		
그 경주에서		
in the race		
로버트는	앞서 나가기를 원했다	그 경주에서
Robert wanted to (	**)**	**in the race.**

Hint!

step ② 에릭은 다른 감방 동료들과 잘 지냈다.

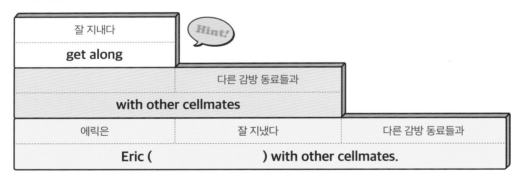

잘 지내다		
get along		
다른 감방 동료들과		
with other cellmates		
에릭은	잘 지냈다	다른 감방 동료들과
Eric (	**)**	**with other cellmates.**

Hint!

step ③ 그 커플은 남 프랑스의 어느 작은 마을로 여행 갈 계획을 세웠다.

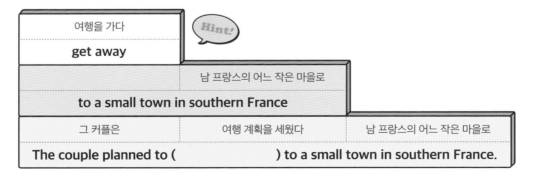

여행을 가다		
get away		
남 프랑스의 어느 작은 마을로		
to a small town in southern France		
그 커플은	여행 계획을 세웠다	남 프랑스의 어느 작은 마을로
The couple planned to (	**)**	**to a small town in southern France.**

Hint!

get 구동사를 사용하여 문맥에 맞게 박스를 채워 보세요.(get-got-gotten)

step 4 조쉬는 여자들을 여러 번 폭행한 일을 모면했다.

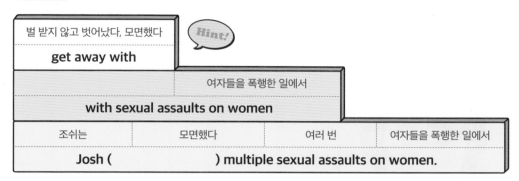

벌 받지 않고 벗어났다, 모면했다	Hint!
get away with	

	여자들을 폭행한 일에서
with sexual assaults on women	

조쉬는	모면했다	여러 번	여자들을 폭행한 일에서
Josh (	) multiple sexual assaults on women.		

step 5 영업과장이 그 고객에게 다시 연락드릴 겁니다.

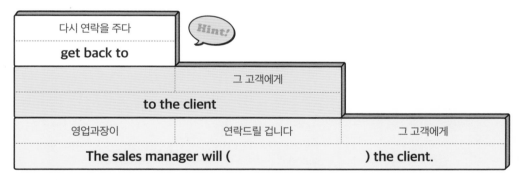

다시 연락을 주다	Hint!
get back to	

	그 고객에게
to the client	

영업과장이	연락드릴 겁니다	그 고객에게
The sales manager will (	) the client.	

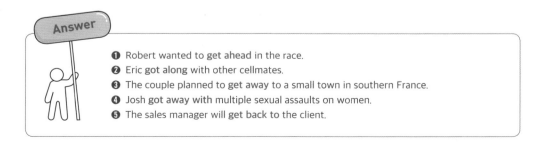

Answer

❶ Robert wanted to get ahead in the race.
❷ Eric got along with other cellmates.
❸ The couple planned to get away to a small town in southern France.
❹ Josh got away with multiple sexual assaults on women.
❺ The sales manager will get back to the client.

17

03 ask

ask 는
누군가에게 무언가를 '물어보다',
'달라고 하다' 등의 의미로 쓰인다.

about

~에 관해 묻다

- **ask about** immigration
  이민에 관해 묻다
- **ask about** his condition
  그의 상태에 관해 묻다

- They **asked about** the news.
  그들은 그 소식에 관해 물었다.
- He **asked about** the scandal.
  그는 그 스캔들에 대해 물었다.

⇌ **inquire about**

The detective inquired about James' whereabouts.
그 수사관은 제임스의 행방에 대해 물었다.

after

~의 안부를 묻다

- **ask after** his grandmother
  그의 할머니의 안부를 묻다
- **ask after** his health
  그의 건강 여부를 묻다

- She **asked after** my mother.
  그 여자는 우리 엄마의 안부를 물었다.
- John **asked after** you yesterday.
  존이 어제 네 안부를 물었어.

for

요구하다
(물건을) 달라고 하다

- **ask for** help
  도와달라고 하다
- **ask for** a refund
  환불을 요구하다

- They **asked for** a pay raise.
  그들은 임금 인상을 요구했다.
- Amy **asked for** his autograph.
  에이미는 그의 사인을 요청했다.

⊜ **call for**

The railway drivers **called for** shorter working hours.
철도 기관사들은 근무 시간 단축을 요구했다.

out

~에게 데이트를 신청하다
* ask out은 누군가에게 같이 '나가자고(out)' 하는 것으로, '데이트를 신청하다'의 의미다.

- **ask** her **out**
  그녀에게 데이트를 신청하다.
- **ask out** the secretary
  그 비서에게 데이트를 신청하다.

- The doctor **asked out** the assistant last week.
  지난주에 그 의사가 비서에게 데이트를 신청했다.
- Eric finally **asked** me **out**.
  에릭이 드디어 내게 데이트 신청을 했어.

⊜ **ask someone on a date**

Chuck **asked** Rita **on a date**.
척이 리타에게 데이트를 신청했다.

around

주변에 물어보다

- I'll **ask around**.
  주변에 수소문해 볼게요
- Shall we **ask around** about Thomas?
  토마스에 대해 사람들에게 물어볼까요?

- We should **ask around** to get more information about the family.
  그 가족에 대한 정보를 더 얻으려면 여기저기 물어봐야 해.
- They decided to **ask around** for an expert to check the system.
  그들은 시스템을 점검할 전문가를 구하기 위해 여기저기 물어보기로 했다.

⊜ **ask someone in**

Vampires can enter your house only when they are **asked in**.
뱀파이어들은 들어오라는 초대를 받았을 때만 집에 들어올 수 있다.

step 1 그 면접관은 내 가족 배경에 대해 물었다.

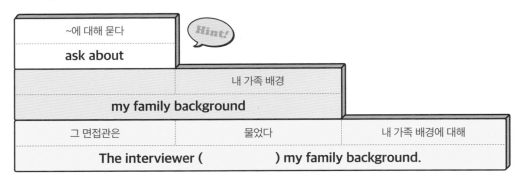

~에 대해 묻다		
ask about		
	내 가족 배경	
	my family background	
그 면접관은	물었다	내 가족 배경에 대해
The interviewer (	**) my family background.**	

step 2 로라의 전 남자친구가 그녀의 안부를 물었다.

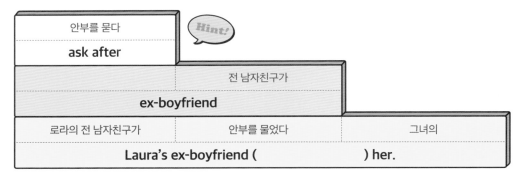

안부를 묻다		
ask after		
	전 남자친구가	
	ex-boyfriend	
로라의 전 남자친구가	안부를 물었다	그녀의
Laura's ex-boyfriend (	**) her.**	

step 3 그 깡패들은 여행자들에게 통행료를 요구했다.

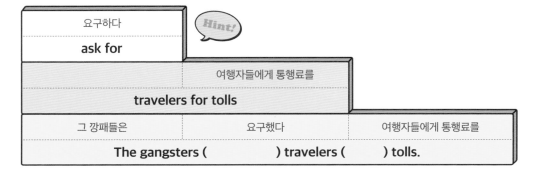

요구하다		
ask for		
	여행자들에게 통행료를	
	travelers for tolls	
그 깡패들은	요구했다	여행자들에게 통행료를
The gangsters (	**) travelers (**	**) tolls.**

step 4 너무 늦기 전에 신디에게 데이트 신청을 하고 싶다.

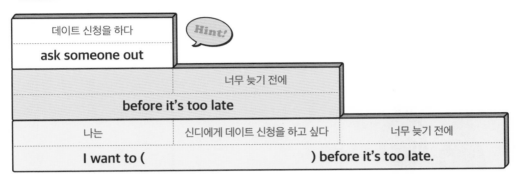

데이트 신청을 하다 — Hint!
ask someone out

너무 늦기 전에
before it's too late

나는 | 신디에게 데이트 신청을 하고 싶다 | 너무 늦기 전에
I want to (   ) before it's too late.

step 5 내가 주변에 학생증 신청하는 법에 대해 물어볼게.

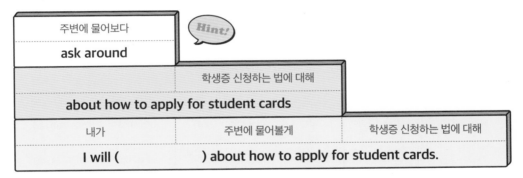

주변에 물어보다 — Hint!
ask around

학생증 신청하는 법에 대해
about how to apply for student cards

내가 | 주변에 물어볼게 | 학생증 신청하는 법에 대해
I will (   ) about how to apply for student cards.

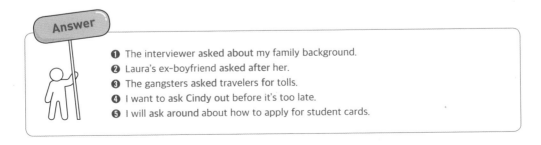

Answer

❶ The interviewer **asked about** my family background.
❷ Laura's ex-boyfriend **asked after** her.
❸ The gangsters **asked** travelers **for** tolls.
❹ I want to **ask** Cindy **out** before it's too late.
❺ I will **ask around** about how to apply for student cards.

pick

pick 은
여러 가지 중에서 하나를 '고르거나 집어올리다'라는 의미다. '고르다', '선택하다', '태워주다', '찾아오(가)다'의 의미로도 확장되어 쓰인다.

on

괴롭히다, 못살게 굴다

- **pick on me**
  나를 괴롭히다
- **pick on a small boy**
  작은 소년을 괴롭히다

- Why don't you **pick on** someone your own size?
  너랑 덩치가 비슷한 애를 괴롭히지 그러니?
- The boy **picks on** her because he doesn't know how to express his affection.
  그 소년은 애정을 어떻게 표현할지 몰라서 그녀를 괴롭힌다.

⇔ **bully**

The boys **bullied** Tim throughout the year.
그 소년들은 일 년 내내 팀을 괴롭혔다.

out

고르다(골라내다), 선택하다

- **pick out real diamonds**
  진짜 다이아몬드를 골라내다
- **pick out gifted children**
  영재들을 골라내다

- You need to **pick out** some solid information.
  알짜배기 정보를 골라내야 한다.
- It is difficult to **pick out** genuine e-mails.
  진짜 이메일(스팸 메일이 아닌)을 골라내는 것은 어렵다.

⇔ **choose**

She was **chosen** as the 5th *America's Top Model*.
그녀가 5기 미국 슈퍼모델로 선발되었다.

up ❶

차를 태워주다
물건을 찾아오다
(어질러진 것을) **치우다**

- **pick up** my children after school
  방과 후에 내 아이들을 태우러 가다
- **pick up** my shirt from the laundry
  세탁소에서 내 셔츠를 찾아오다

- Please **pick up** your room.
  네 방 좀 치우렴.
- I need to **pick up** my prescription from the drugstore.
  나는 약국에 조제 맡긴 약을 찾아야 해.

≒ **collect**

I forgot to go **collect** my laundry on my way home.
나는 집에 오는 길에 세탁물 찾는 것을 깜빡했다.

up ❷

배우다

- **pick up** some Italian
  이탈리아어를 주워들어 배우다
- **pick up** a few words
  단어 몇 개를 배우다

- Where did you **pick up** those dirty words?
  그런 나쁜 말들을 어디서 배웠어?
- He started to **pick up** some Korean.
  그는 한국어를 배우기 시작했다.

≒ **learn**

The child **learned** how to drive a car by observing his father.
그 아이는 아버지를 보면서 운전하는 법을 배웠다.

up ❸

좋아지다
* 명사로도 쓴다.
ex)pickup in prices 가격 인상

- the economy is **picking up**
  경제가 좋아지고 있다
- **pick up** speed
  속도를 내다

- His new business is really beginning to **pick up**.
  그의 새 사업이 정말로 좋아지기 시작했다.
- Her career began to **pick up**.
  그 여자의 경력이 잘 풀리기 시작했다.

≒ **improve**

23

step 1 그 아이들은 옆 마을에서 온 소년을 괴롭혔다.

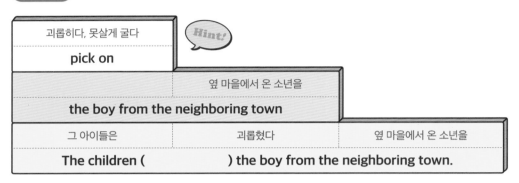

괴롭히다, 못살게 굴다		
pick on		
	옆 마을에서 온 소년을	
	the boy from the neighboring town	
그 아이들은	괴롭혔다	옆 마을에서 온 소년을
The children (	**) the boy from the neighboring town.**	

step 2 그 용은 가장 어린 소녀를 골랐다.

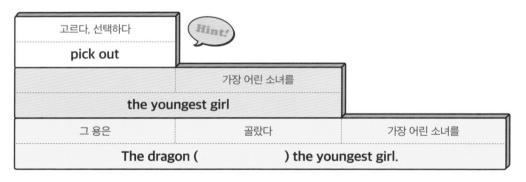

고르다, 선택하다		
pick out		
	가장 어린 소녀를	
	the youngest girl	
그 용은	골랐다	가장 어린 소녀를
The dragon (	**) the youngest girl.**	

step 3 나는 네가 엉망으로 만들어 놓은 것을 치우고 싶지 않다.

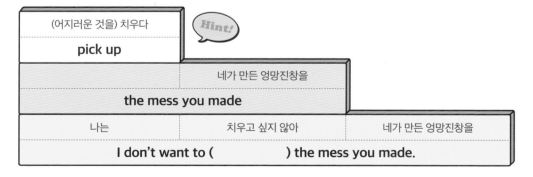

(어지러운 것을) 치우다		
pick up		
	네가 만든 엉망진창을	
	the mess you made	
나는	치우고 싶지 않아	네가 만든 엉망진창을
I don't want to (	**) the mess you made.**	

step 4 그 도제는 공방 용어들을 주워들어 배웠다.

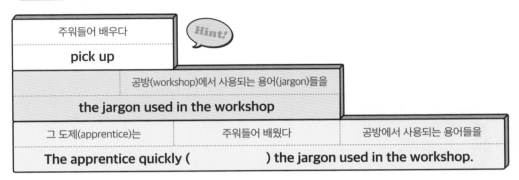

주워들어 배우다		Hint!
pick up		

	공방(workshop)에서 사용되는 용어(jargon)들을	
	the jargon used in the workshop	

그 도제(apprentice)는	주워들어 배웠다	공방에서 사용되는 용어들을
The apprentice quickly (	**)**	**the jargon used in the workshop.**

step 5 유럽에서 접대업이 천천히 좋아지고 있다.

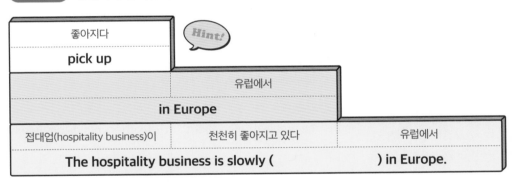

좋아지다		Hint!
pick up		

	유럽에서	
	in Europe	

접대업(hospitality business)이	천천히 좋아지고 있다	유럽에서
The hospitality business is slowly (	**)**	**in Europe.**

Answer

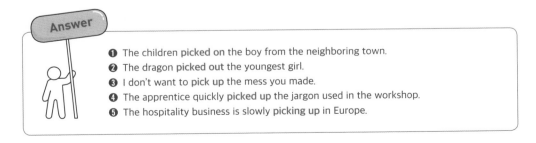

❶ The children picked on the boy from the neighboring town.
❷ The dragon picked out the youngest girl.
❸ I don't want to pick up the mess you made.
❹ The apprentice quickly picked up the jargon used in the workshop.
❺ The hospitality business is slowly picking up in Europe.

05 come ①

come 의

기본 의미는 '말하는 사람이나 듣는 사람 쪽으로 움직이다'이다. 실제로 몸이나 물건이 움직이는 것에서 의미가 확장되어 '어떤 상황이 무엇으로 움직이다', '무엇에 이르게 되다'라는 뜻으로도 쓰인다.

about

일어나다, 생기다

* about/around는 '주변에', come은 '오는' 것이므로 '일어나다', '발생하다', '생기다'라는 뜻이다.

- **a war comes about**
  전쟁이 일어나다
- **life comes about**
  생명이 생기다

- **I cannot understand how the problem came about.**
  그 문제가 어떻게 생겼는지 이해할 수 없어.
- **How did World War II come about?**
  2차 세계 대전은 어떻게 일어났을까?

⊜ **happen**

Nobody knows exactly what happened.
무슨 일이 일어났는지 정확히 아는 이가 없다.

across

**(우연히, 어쩌다가) 발견하다
만나다**

- **come across a treasure map**
  보물지도를 우연히 찾다
- **come across a clue**
  단서를 우연히 찾다

- **I came across my mother's old diaries in the attic.**
  나는 다락에서 엄마의 옛날 일기를 우연히 찾았다.
- **Helen came across her ex-boyfriend.**
  헬렌은 전 남자친구를 우연히 만났다.

⊜ **run across**

I ran across her husband with a woman in the bar.
나는 한 여자와 있는 그녀의 남편과 그 바에서 우연히 마주쳤다.

by

얻다, 손에 넣다
들르다

- **come by courage**
  용기를 얻다
- **come by the title**
  작위나 직위를 얻다

- In *The Wizard of Oz*, the Cowardly Lion wanted to come by courage.
  『오즈의 마법사』에서 겁쟁이 사자는 용기를 얻길 원했다.
- Her children cannot come by Ms. Harrington due to the pandemic.
  그녀의 아이들은 전염병 때문에 해링턴 씨에게 갈 수 없다.

⬟ obtain

It is not easy to obtain his trust.
그의 신뢰를 얻는 것은 쉽지 않다.

down with

병에 걸리다
* come은 '되다', down은 '눕게, 쇠약하게', with는 '~때문에'로 쓰여서 '~라는 병으로 눕게 되다'가 되므로 '병에 걸리다'라는 의미다.

- **come down with the flu**
  독감에 걸리다
- **come down with a fever**
  열이 나다

- Achoo! I'm coming down with a cold.
  에취! 감기가 오는 것 같아.
- The teacher came down with food poisoning.
  그 선생님은 식중독에 걸렸다.

⬟ become sick

Jerry became sick with SARS.
제리는 사스에 걸렸다.

off

떨어지다
빠지다
끊다

- **my coat button came off**
  내 코트 단추가 떨어졌다
- **hair comes off**
  머리카락이 빠지다

- One of my buttons came off this morning.
  아침에 단추 하나가 떨어졌다.
- I think this stain will come off.
  이 얼룩은 빠질 것 같아.

⬟ fall off

The button probably fell off on the subway.
아마 지하철에서 단추가 떨어졌을 거예요.

27

step 1 그 가족에게 비극이 일어났다.

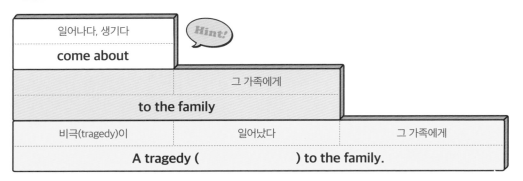

| 일어나다, 생기다 | Hint! |
| come about | |

| | 그 가족에게 |
| | to the family |

| 비극(tragedy)이 | 일어났다 | 그 가족에게 |
| A tragedy (|) to the family. | |

step 2 그는 한 헌책방에서 우연히 헤밍웨이의 편지를 찾았다.

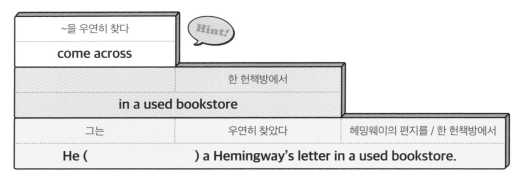

| ~을 우연히 찾다 | Hint! |
| come across | |

| | 한 헌책방에서 |
| | in a used bookstore |

| 그는 | 우연히 찾았다 | 헤밍웨이의 편지를 / 한 헌책방에서 |
| He (|) a Hemingway's letter in a used bookstore. | |

step 3 요즘 십대들은 유튜브에서 많은 지식을 얻는다.

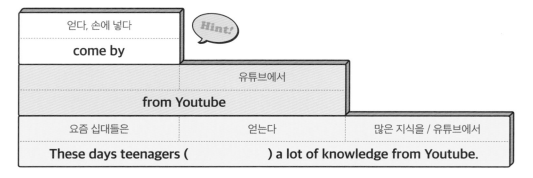

| 얻다, 손에 넣다 | Hint! |
| come by | |

| | 유튜브에서 |
| | from Youtube |

| 요즘 십대들은 | 얻는다 | 많은 지식을 / 유튜브에서 |
| These days teenagers (|) a lot of knowledge from Youtube. | |

step ④ 학교에 다니는 몇몇 아이들이 코로나 바이러스에 걸렸다.

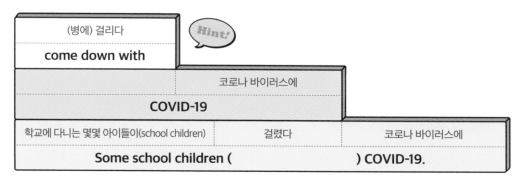

(병에) 걸리다	**Hint!**	
come down with		
	코로나 바이러스에	
	COVID-19	
학교에 다니는 몇몇 아이들이(school children)	걸렸다	코로나 바이러스에
Some school children (		**) COVID-19.**

step ⑤ 이 핏자국들은 쉽게 빠지지 않는다.

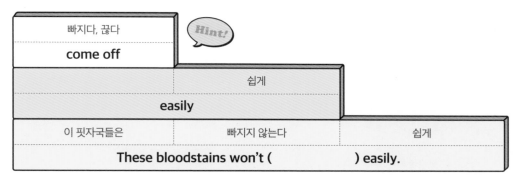

빠지다, 끊다	**Hint!**	
come off		
	쉽게	
	easily	
이 핏자국들은	빠지지 않는다	쉽게
These bloodstains won't (		**) easily.**

Answer

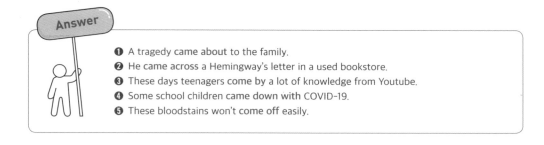

❶ A tragedy came about to the family.
❷ He came across a Hemingway's letter in a used bookstore.
❸ These days teenagers come by a lot of knowledge from Youtube.
❹ Some school children came down with COVID-19.
❺ These bloodstains won't come off easily.

'break out, ask out, come across, get back to, pick up' 중에 알맞은 말을 골라 박스를 채워 보세요.

Meg	Can I ask you a favor?
Ally	Well… depends what it is.
Meg	It's just a small one.
Ally	OK. What is it?
Meg	Some pimples have ❶_____ _____ on my chin, and I don't want to show my face to my date this evening. Can you drop by a Sephora shop and get me something to cover this up?
Ally	Wow, did someone ❷_____ you _____?
Meg	Well, not exactly. But I know Eric is going to Macy's after work for some Christmas shopping, and I will be there, so he might accidentally ❸_____ _____ me.
Ally	Hmmm… good idea, but will that work?

메그	부탁 좀 들어 줄래?
앨리	글쎄…, 뭔지에 따라서.
메그	작은 부탁인데.
앨리	좋아. 뭔데?
메그	내 턱에 여드름이 ❶ 났거든. 그리고 이 얼굴을 오늘 저녁에 내 데이트 상대한테 보이기 싫어. 세포라 매장에 들려서 이거 가릴 것 좀 사다 줄래?
앨리	와, 누가 ❷ 데이트 신청했어?
메그	음, 꼭 그런 건 아니고. 에릭이 일 끝나고 메이시스 백화점에 크리스마스 쇼핑하러 간대. 그래서 나도 거기에 가서 '우연히' ❸ 만난 척하려고.
앨리	음…, 좋은 시도이긴 한데 그게 먹힐까?

어휘 favor 부탁, 호의 depend ~나름이다 pimple 여드름, 뾰루지 chin 아래턱 drop by 잠깐 들르다 cosmetics 화장품 cover up 싸서 감추다, 모조리 덮어버리다 accidentally 우연히, 뜻하지 않게

정답 ❶ broken out ❷ ask out ❸ comes across

30

'break out, ask out, come across, get back to, pick up' 중에 알맞은 말을 골라 박스를 채워 보세요.

Ally	Eric? This is Ally.
Eric	Hello, Ally. What's up? Aren't you working right now?
Ally	I am. But there's something I need to talk to you about.
Eric	What is it?
Ally	Don't ask me why, but please don't go to Macy's for Christmas shopping this evening.
Eric	How do you know I am going there?
Ally	I can't explain now.
Eric	But I ordered your present from the store and I need to ❶_____ it ____!
Ally	Sorry, but please can you just not go there? At least not today?
Eric	All right! Instead, let's do dinner together, huh?
Ally	Good. Please text me where and when. I've got to go now.
Eric	Okay, I'll ❷_____ _____ _____ you.
Ally	See you.

앨리	에릭? 나 앨리야.
에릭	안녕, 앨리. 무슨 일이야? 지금 일하는 중 아니야?
앨리	일하는 중이야. 그런데 할 말이 있어서.
에릭	뭔데?
앨리	왜냐고 묻지 말고, 오늘 저녁에 크리스마스 쇼핑하러 메이시스 백화점에 가지 마.
에릭	내가 거기 간다는 걸 어떻게 알았어?
앨리	지금은 설명할 수 없어.
에릭	하지만 거기에 당신 선물을 주문해 놓아서 ❶찾아와야 하는데!
앨리	미안해, 하지만 그냥 안 가면 안 될까? 최소한 오늘은 안 가면 안 돼?
에릭	좋아! 대신 같이 저녁 먹는 거다, 알았지?
앨리	좋아. 언제, 어디서 저녁 먹을지 메시지 보내줘. 끊어.
에릭	좋아, ❷다시 전화할게.
앨리	있다 봐.

어휘 explain 설명하다, 확실히 하다 order 주문하다 present 선물 text 문자 메시지를 보내다

정답 ❶ pick up ❷ get back to

31

see

drop

come❷

feel

go❶

GROUP 02

see

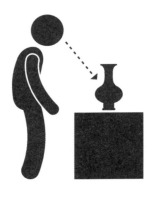

see 는
'보려고 본다'는 의미보다는 눈을
뜨고 있어서 '보여서 본다'는 의미
가 더 강하며, '보다'에서 의미가 확
장되어 '알다, 확인하다'의 의미로
도 쓰인다.

about

처리하다
어찌할지 알아보다(고려하다)

- see about his promotion
  그의 승진을 고려하다
- see about your advice
  당신 충고에 유의하다

- I'll see about it.
  어찌 할지 생각해 보죠.
- Please go see about this man.
  가서 이 남자에 대해 알아보세요.

⊜ consider

Can you consider giving us a ride home?
우리를 집까지 태워다 주시는 거 고려
해볼 수 있나요?

off

배웅하다

- see him off
  그를 배웅하다
- see off the buyer
  바이어를 배웅하다

- He'll see you off at the airport.
  그가 공항에서 당신을 배웅할 겁니다.
- When the staff saw off the visitors, the event was finally over.
  직원들이 방문객들을 배웅했을 때 그 행사는 마침내 끝났다.

through①	**through②**	**to**
들여다보다 꿰뚫어보다, 간파하다	지지하다 ~가 어려운 시기를 버티도록 지지해주다	~를 처리하다 확인하다 꼭 ~하도록 하다 * see to it that S + V ~~. 꼭 S V 되도록 하다.
• **see through** his excuse 그의 변명을 꿰뚫어보다 • **see through** the curtains 커튼 속이 들여다보이다	• **see** you **through** all troubles 당신이 어려움을 겪을 때 힘이 되어주다 • **see** him **through** until he becomes 21 그가 21세가 될 때까지 그를 도와주다	• **see to** the filing 서류철 작업을 처리하다 • **see to** the packaging 포장을 알아서 하다
• I **saw through** their hospitality and wanted to get out of the place. 나는 그들의 환대를 꿰뚫어보았고 그 자리에서 벗어나고 싶었다. • She **sees through** lies very well. 그 여자는 거짓말을 아주 잘 꿰뚫어 본다.	• The old lady **saw** him **through** until his case was over. 그 사건이 끝날 때까지 그 할머니는 그를 지지해주었다.	• I'll **see to** the catering. 출장 요리는 내가 알아서 처리할게. • They need to **see to** the fake tickets. 그들은 가짜 표를 처리해야 한다.
⊜ **detect** She immediately **detected** his lies. 그녀는 그의 거짓말을 즉시 알아차렸다.	⊜ **support** The foundation **supports** 5 students a year. 그 재단은 일 년에 5명의 학생들을 지원한다.	⊜ **take care of** John **took care of** all the mess after the party. 존은 파티 후에 엉망진창이 된 모든 것을 처리했다.

35

step 1 무슨 일이 일어났는지 내가 알아볼게.

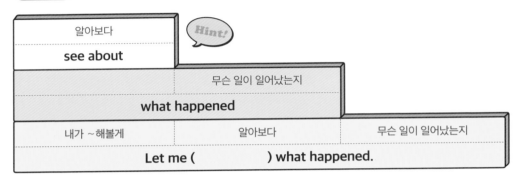

알아보다		
see about		
	무슨 일이 일어났는지	
	what happened	
내가 ~해볼게	알아보다	무슨 일이 일어났는지
Let me (	**) what happened.**	

step 2 여동생이 공항에서 나를 배웅했다.

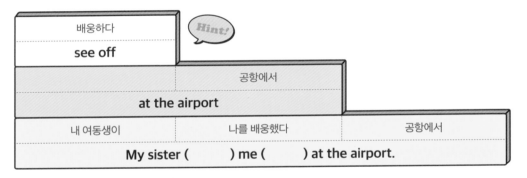

배웅하다		
see off		
	공항에서	
	at the airport	
내 여동생이	나를 배웅했다	공항에서
My sister (	**) me (**	**) at the airport.**

step 3 그의 엄마는 조지가 무슨 꿍꿍이인지 간파했다.

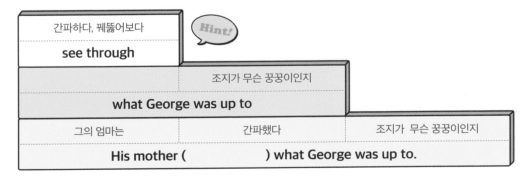

간파하다, 꿰뚫어보다		
see through		
	조지가 무슨 꿍꿍이인지	
	what George was up to	
그의 엄마는	간파했다	조지가 무슨 꿍꿍이인지
His mother (	**) what George was up to.**	

36

step ④ 한 선생님이 고등학교 시절 내내 그를 지지해주었다.

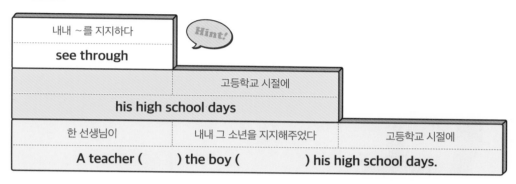

내내 ~를 지지하다	Hint!
see through	
	고등학교 시절에
his high school days	
한 선생님이	내내 그 소년을 지지해주었다	고등학교 시절에
A teacher (   ) the boy (   ) his high school days.

step ⑤ 모두가 이 문자를 받게 해주실래요?

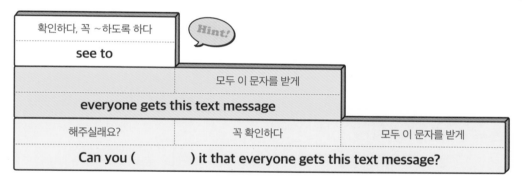

확인하다, 꼭 ~하도록 하다	Hint!
see to	
	모두 이 문자를 받게
everyone gets this text message	
해주실래요?	꼭 확인하다	모두 이 문자를 받게
Can you (   ) it that everyone gets this text message?

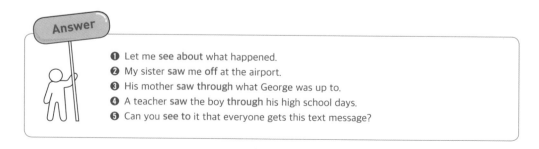

Answer

❶ Let me **see about** what happened.
❷ My sister **saw** me **off** at the airport.
❸ His mother **saw through** what George was up to.
❹ A teacher **saw** the boy **through** his high school days.
❺ Can you **see to** it that everyone gets this text message?

feel

feel 은
'손으로 무언가를 더듬어 만져서 느낀다'는 뜻이다. 추상적인 의미로는 마음이 특정한 대상을 향해 손으로 더듬듯 마음으로 더듬어 느낀다는 뉘앙스에서 '동정하다'의 뜻도 갖는다.

for

더듬어 찾다
동정하다

• '동정하다'는 단순히 가엾게 여긴다는 의미가 아니라 상대가 겪는 아픔과 고통을 함께 느낀다는 의미가 더 강하다. 마음의 촉수로 상대의 마음을 더듬는다고 생각하면 이해하기 쉽다.

• **feel for** my watch
  내 시계를 더듬어 찾다

• My heart **feels for** you
  내 마음은 당신과 함께해요

• It was so dark I **felt for** the switch.
  너무 어두워서 손으로 더듬어 스위치를 찾았다.

• Deep down inside I **felt for** him.
  마음속 깊이 그의 아픔을 함께했다.

⊜ reach for

She **reached for** the butterfly.
그녀는 나비에게 손을 뻗었다.

• 그냥 무언가를 향해 손을 뻗는다는 의미만 있고, 더듬는다는 의미는 없음

like+명사

~처럼 느껴지다

• It **feels like** rain
  비가 올 것 같다

• **feel like** a new man
  새로 태어난 기분이다

• I **felt like** a newcomer.
  신입사원이라도 된 듯한 심정이었.

• I **felt like** a loser.
  패배자 같이 느껴졌어.

like+~ing❶

~하고 싶다
~하는 것 같다

- feel like sunbathing
  일광욕하고 싶다
- feel like going for a walk
  산책하러 가고 싶다

- I felt like carving my heart out.
  내 심장을 도려내는 것 같았어.
- I felt like quitting everything.
  모든 걸 그만두고 싶었어.

숙어 표현

free to+동사

거리낌 없이 ~하다

- feel free to contact me
  언제든지 내게 연락해요
- feel free to look around
  마음대로 둘러보다

- Please feel free to contact our office for more details.
  자세한 사항을 알고 싶으면 언제든 저희 사무실로 연락 주세요.
- Please feel free to help yourself to coffee.
  커피를 마음껏 드세요.

≒ don't hesitate to+동사

Please don't hesitate to ask questions about the lecture.
강의에 대해 서슴지 말고 질문하세요.

숙어 표현

get a / the feel of+명사

~의 감을 잡다
~에 익숙해지다

- get the feel of Latin rhythms
  라틴 리듬을 배워 보다
- get the feel of the culture
  그 문화를 느껴 보다

- Read this book, and you can get the feel of the city.
  이 책을 읽어보면 그 도시를 알 수 있어요.

≒ begin to understand

Jamie began to understand what was going on.
제이미는 무슨 일이 벌어지고 있는 건지 이해하기 시작했다.

39

step 1 나는 그 유족들과 마음을 함께한다.

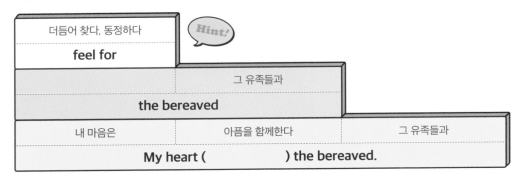

더듬어 찾다, 동정하다
feel for
Hint!

그 유족들과
the bereaved

내 마음은 | 아픔을 함께한다 | 그 유족들과
My heart (　　　　　) the bereaved.

step 2 그는 그녀의 꼭두각시인 것처럼 느꼈다.

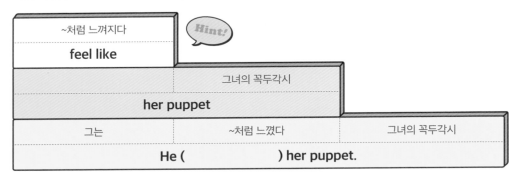

~처럼 느껴지다
feel like
Hint!

그녀의 꼭두각시
her puppet

그는 | ~처럼 느꼈다 | 그녀의 꼭두각시
He (　　　　　) her puppet.

step 3 나는 강아지들과 눈 속에서 놀아보고 싶었다.

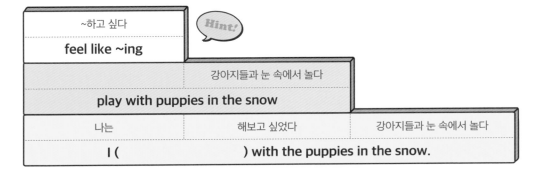

~하고 싶다
feel like ~ing
Hint!

강아지들과 눈 속에서 놀다
play with puppies in the snow

나는 | 해보고 싶었다 | 강아지들과 눈 속에서 놀다
I (　　　　　) with the puppies in the snow.

step 4 그는 내게 거리낌 없이 건물 안을 들러보라고 말했다.

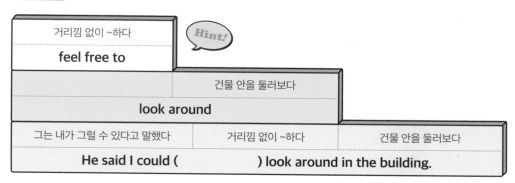

| 거리낌 없이 ~하다 | | | *Hint!* |
| feel free to | | |

| | 건물 안을 둘러보다 | |
| look around | | |

| 그는 내가 그럴 수 있다고 말했다 | 거리낌 없이 ~하다 | 건물 안을 둘러보다 |
| He said I could (| |) look around in the building. |

step 5 깊게 숨을 들이마시고 내면의 마법을 느껴보세요.

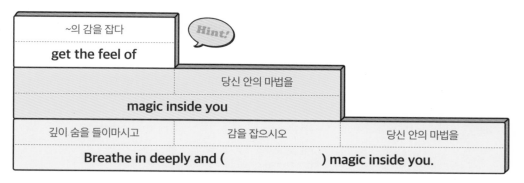

| ~의 감을 잡다 | | | *Hint!* |
| get the feel of | | |

| | 당신 안의 마법을 | |
| magic inside you | | |

| 깊이 숨을 들이마시고 | 감을 잡으시오 | 당신 안의 마법을 |
| Breathe in deeply and (| |) magic inside you. |

Answer

❶ My heart **feels for** the bereaved.
❷ He **felt like** her puppet.
❸ I **felt like playing** with the puppies in the snow.
❹ He said I could **feel free to** look around in the building.
❺ Breathe in deeply and **get the feel of** magic inside you.

08 go

out with

~와 데이트하다

- **go out with** her
  그녀와 데이트하다
- **go out with** a Korean-American
  미국 교포와 데이트하다

- Will you **go out with** me?
  나랑 데이트할래?
- She is **going out with** Jake these days.
  그녀는 요새 제이크랑 사귀고 있어.

⊜ date
Brad **dated** my sister back in high school.
브래드는 고등학교 때 우리 언니랑 데이트했어.

* '데이트하자고 청하다'는 ask someone out을 쓴다.

through

(주로 안 좋은 일을) **겪다**
잘 **살펴보다**
(승인 등을) **통과하다**

- **go through** depression
  우울증을 겪다
- **go through** a rough patch
  힘든 시기를 겪다

- She is **going through** a lot these days.
  그 여자는 요새 힘든 일을 많이 겪고 있어.(요새 힘들어.)
- Let me explain in detail as I **go through** the document.
  문서를 살펴보면서 내가 자세히 설명할게요.

⊜ undergo
Pitt **underwent** a series of medical tests.
피트는 일련의 의료 검사를 거쳤다.

go 는
말하는 이를 기준으로 '이쪽에서 저쪽으로 이동하다'라는 뜻을 가지고 있다.

up

오르다, 상승하다

- **go up** dramatically
  현격히 상승하다
- **go up** by 10%
  10% 상승하다

- Investments in new construction projects **went up** sharply.
  새로운 건설 프로젝트에 대한 투자가 급격히 늘었다.
- My pay **went up** slightly this month.
  이번 달에 월급이 약간 올랐다.

⇒ **rise**

Technology stock prices **rose** modestly yesterday.
어제 기술 주 가격이 다소 올랐다.

with

~와 어울리다

- **go** well **with** cheese
  치즈와 잘 어울린다
- **go** well **with** the red wall
  빨간 벽과 잘 어울린다

- Your necklace **goes** well **with** your eyes.
  네 목걸이는 눈과 잘 어울려.
- This wine **goes** well **with** seafood.
  이 와인은 해산물과 잘 어울린다.

⇒ **suit**

The jacket **suits** you perfectly.
그 재킷은 너에게 딱 어울린다.

over

꼼꼼하게 검토하다
cf. look over 대충 검토하다

- **go over** the final draft
  최종 원고를 검토하다
- **go over** the essay
  에세이를 검토하다

- Let's **go over** the contract thoroughly before we sign it.
  서명하기 전에 계약서를 꼼꼼하게 살펴봅시다.
- They **went over** the regulations one by one.
  그들은 그 규정들을 하나씩 검토했다.

⇒ **examine**

He **examined** all the evidence before he reached a conclusion.
결론에 도달하기 전에 그는 모든 증거를 검토했다.

step 1 요새 누구랑 데이트해?

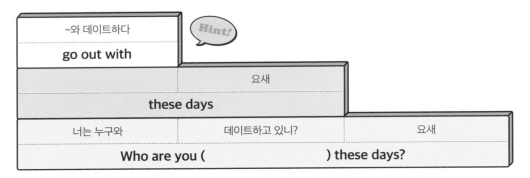

~와 데이트하다	Hint!	
go out with		

	요새	
	these days	

너는 누구와	데이트하고 있니?	요새
Who are you (	) these days?	

step 2 그 어린아이는 심각한 트라우마를 겪었다.

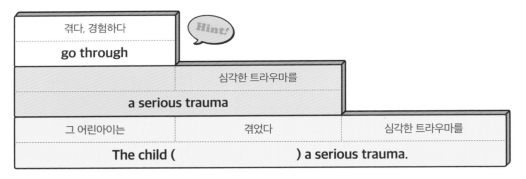

겪다, 경험하다	Hint!	
go through		

	심각한 트라우마를	
	a serious trauma	

그 어린아이는	겪었다	심각한 트라우마를
The child (	) a serious trauma.	

step 3 임대료가 주당 500달러로 올랐다.

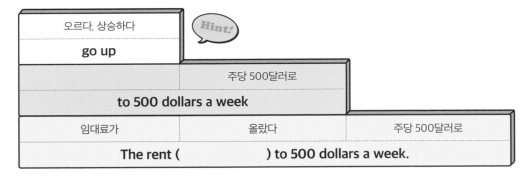

오르다, 상승하다	Hint!	
go up		

	주당 500달러로	
	to 500 dollars a week	

임대료가	올랐다	주당 500달러로
The rent (	) to 500 dollars a week.	

step 4 그 터키석 목걸이는 그녀의 푸른 눈과 잘 어울린다.

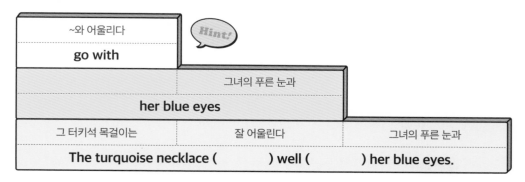

~와 어울리다	Hint!	
go with		
	그녀의 푸른 눈과	
	her blue eyes	
그 터키석 목걸이는	잘 어울린다	그녀의 푸른 눈과
The turquoise necklace (	**) well (**	**) her blue eyes.**

step 5 조셉은 매주 금요일마다 친구들과 볼링을 치러 간다.

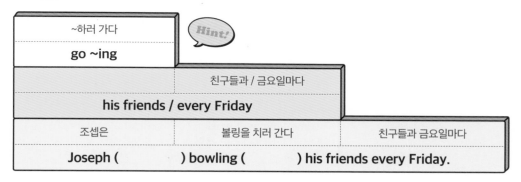

~하러 가다	Hint!	
go ~ing		
	친구들과 / 금요일마다	
	his friends / every Friday	
조셉은	볼링을 치러 간다	친구들과 금요일마다
Joseph (	**) bowling (**	**) his friends every Friday.**

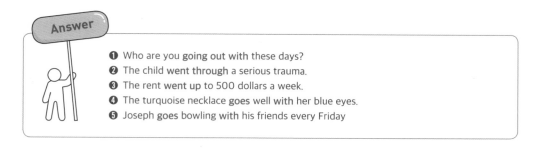

Answer

❶ Who are you **going out with** these days?
❷ The child **went through** a serious trauma.
❸ The rent **went up to** 500 dollars a week.
❹ The turquoise necklace **goes well with** her blue eyes.
❺ Joseph **goes bowling with** his friends every Friday

09 drop

by

~에 잠깐 들르다

drop 은
'떨어지다', '떨구고 가다'의 의미
로, 사람이나 편지 등이 '갑작스럽
게 온다'는 의미로도 쓰인다.

- drop by for dinner
  저녁 먹으러 들르다
- drop by for a drink
  한잔 하러 들르다

- Please drop by for a chat some time next week.
  다음 주 언제쯤 얘기나 나누게 한 번 들르세요.

● **pay a casual visit**

Her parents paid a casual visit to her one-room studio apartment last weekend.
지난 주말 그녀의 부모님이 그녀의 원룸에 잠깐 들르셨다.

dead

갑자기 죽다
갑자기 망하다

- drop dead from a heart attack
  심장마비로 갑자기 죽다
- People on the street literally dropped dead
  거리의 사람들이 정말로 갑자기 쓰러져 죽었다

- Dozens of birds dropped dead overnight.
  밤사이 새 수십 마리가 죽었다.

● **die suddenly**

George died suddenly without leaving a will.
조지는 유서 한 장 남기지 않고 갑자기 죽었다.

cf. drop dead gorgeous 너무도 아름다운(쳐다보다 쓰러져 죽을 만큼 예쁘)이라는 뜻이다. 여기서 drop dead 는 한 단어 부사처럼 쓰인다.

in

~에 잠깐 들르다

- drop in on him
  그에게 들르다
- drop in at a party
  파티에 들르다

- I dropped in on my friend on my way back home.
  집으로 돌아오는 길에 친구한테 들렀다.

off

(사람을/사물을) 내려놓다
가져다주다

- drop me off
  (차에서)저를 내려주세요
- drop a package off
  소포를 놓고 가다

- Please drop me off at the gate.
  정문에서 저를 내려주세요
- Can you drop these pants off at the laundry on your way out?
  나가는 길에 이 바지 좀 세탁소에 맡겨 줄래?

⇔ unload

The truck unloaded the debris at the dump.
트럭이 쓰레기통에 파편을 내렸다.

out

낙오하다
중퇴하다
떨어져 나가다

- drop out of the race
  경주에서 낙오하다
- drop out of school
  학교를 중퇴하다

- Steve Jobs dropped out of college.
  스티브 잡스는 대학교를 중퇴했다.

⇔ withdraw from school

Beth withdrew from school because of her failing health.
베스는 건강이 악화되어 학교에서 자퇴했다.

47

step 1 부모님이 갑자기 우리 집에 들르셨다.

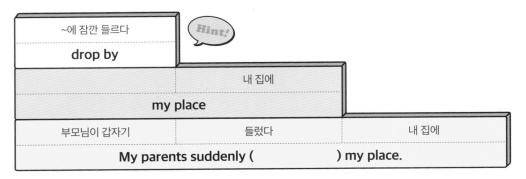

~에 잠깐 들르다	Hint!
drop by	

	내 집에	
	my place	

부모님이 갑자기	들렀다	내 집에
My parents suddenly (	**)**	**my place.**

step 2 그 노동자는 열과 스트레스로 갑자기 쓰러져 죽었다.

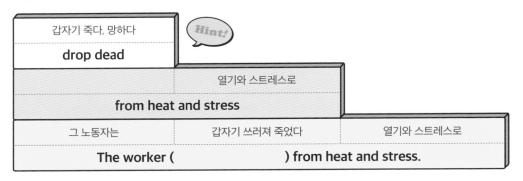

갑자기 죽다, 망하다	Hint!
drop dead	

	열기와 스트레스로	
	from heat and stress	

그 노동자는	갑자기 쓰러져 죽었다	열기와 스트레스로
The worker (	**)**	**from heat and stress.**

step 3 마이크는 오늘 아침에 내 사무실에 잠깐 들렀다.

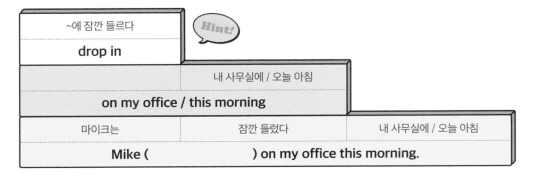

~에 잠깐 들르다	Hint!
drop in	

	내 사무실에 / 오늘 아침	
	on my office / this morning	

마이크는	잠깐 들렀다	내 사무실에 / 오늘 아침
Mike (	**)**	**on my office this morning.**

drop 구동사를 사용하여 문맥에 맞게 박스를 채워 보세요.(drop-dropped-dropped)

step 4 그 트럭 운전수는 나를 기차역에 내려주었다.

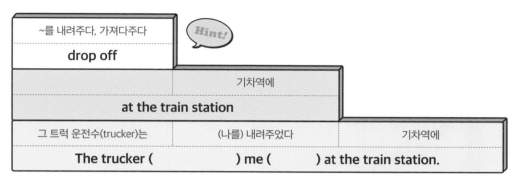

~를 내려주다, 가져다주다	*Hint!*	
drop off		

	기차역에	
at the train station		

그 트럭 운전수(trucker)는	(나를) 내려주었다	기차역에
The trucker ( ) me ( ) at the train station.		

step 5 미국에서 매년 120만 명 이상의 학생들이 고등학교를 중퇴한다.

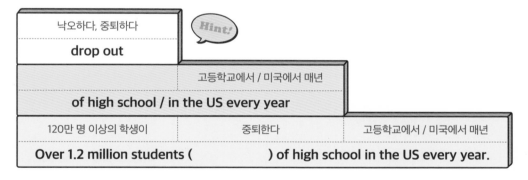

낙오하다, 중퇴하다	*Hint!*	
drop out		

	고등학교에서 / 미국에서 매년	
of high school / in the US every year		

120만 명 이상의 학생이	중퇴한다	고등학교에서 / 미국에서 매년
Over 1.2 million students ( ) of high school in the US every year.		

Answer

❶ My parents suddenly dropped by my place.
❷ The worker dropped dead from heat and stress.
❸ Mike dropped in on my office this morning.
❹ The trucker dropped me off at the train station.
❺ Over 1.2 million students drop out of high school in the US every year.

come ②

come 의

원형적인 의미는 '말하는 사람이나 듣는 사람 쪽으로 움직이다'이지만 의미가 확장되어 '어떤 상황이 무엇으로 움직이다', '무엇에 이르게 되다'라는 의미로도 쓰인다.

on

시작되다

- the show comes on
  그 쇼가 시작되다
- The warning light comes on
  경고등이 들어오다

- The performance came on as scheduled.
  그 공연이 예정대로 시작되었다.

⇆ **start**

They started an investigation on the account.
그들은 그 거래에 대한 조사를 시작했다.

out

(상품이) **나오다**
공개적으로 밝히다

- A product comes out
  그 신상품이 나오다
- The candidate comes out
  그 후보는 밝히다

- Her first book came out on Nov. 22.
  그녀의 첫 책은 11월 22일에 나왔다.
- The TV star came out openly as gay.
  그 탤런트는 공개적으로 자신이 게이라고 커밍아웃했다.

⇆ **openly announce**

She openly announced that she was in love with Mr. Whitehead.
그녀는 화이트헤드 씨와 사랑하는 사이라고 공개적으로 선언했다.

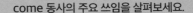
through

나타나다, 드러나다

- **come through** in the look on her face
  그녀의 얼굴 표정에 드러나다
- **come through** in his body language
  그의 몸짓 언어에 드러나다

- His tension clearly **came through** in his gestures.
  제스처에 그의 긴장이 분명히 드러났다.

⊜ show

His personality **shows** well in his writing style.
그의 성격은 그의 글 쓰는 스타일에 잘 드러난다.

to

의식이 돌아오다
(생각이) **떠오르다**
합계가 ~이 되다

- **the patient comes to**
  그 환자가 의식이 돌아오다
- **his name comes to mind**
  그의 이름이 떠오르다

- The girl who fainted is **coming to.**
  기절한 소녀가 의식을 되찾고 있다.
- A proper word didn't **come to me.**
  적당한 단어가 떠오르지 않았어.

⊜ regain consciousness

He **regained consciousness** 2 hours after the operation.
그는 수술 2시간 후 의식을 회복했다.

up

(일이) 생기다
(해·달이) **떠오르다**

* come은 '오다', up은 '위로'이므로 '부상하다'라는 뜻이며, '(일이) 생기다, (해·달이) 떠오르다'의 의미로 쓰인다.

- **something urgent comes up**
  급한 일이 생기다
- **The moon comes up**
  달이 뜨다

- Something **came up,** so I need to go.
  일이 생겨서 가 봐야 해.
- The sun **came up** at 5:30 a.m. yesterday.
  어제는 해가 새벽 5시 반에 떴다.

⊜ occur

Something strange **occurred** to him overnight.
밤사이 그에게 이상한 일이 일어났다.

step 1 속도계 옆에 빨간불이 들어왔다.

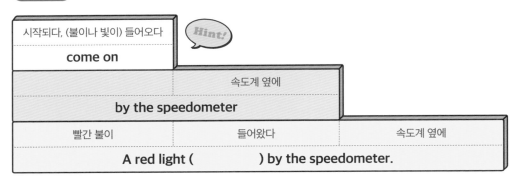

시작되다, (불이나 빛이) 들어오다		
come on		
	속도계 옆에	
	by the speedometer	
빨간 불이	들어왔다	속도계 옆에
A red light (　　　　) by the speedometer.		

Hint!

step 2 부활절 직전에 새로운 모델이 나왔다.

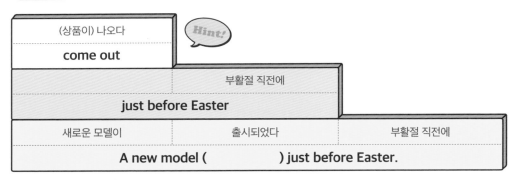

(상품이) 나오다		
come out		
	부활절 직전에	
	just before Easter	
새로운 모델이	출시되었다	부활절 직전에
A new model (　　　　) just before Easter.		

Hint!

step 3 불안은 신체적 증상을 통해 온다.

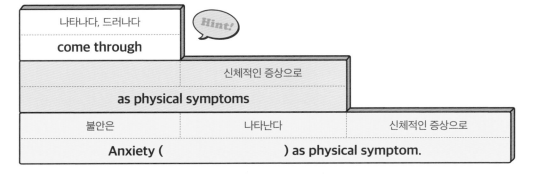

나타나다, 드러나다		
come through		
	신체적인 증상으로	
	as physical symptoms	
불안은	나타난다	신체적인 증상으로
Anxiety (　　　　) as physical symptom.		

Hint!

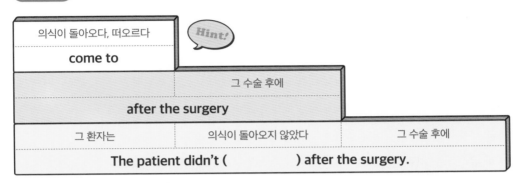

come 구동사를 사용하여 문맥에 맞게 박스를 채워 보세요.(come-came-come)

step 4 그 환자는 수술 후에 의식이 돌아오지 않았다.

의식이 돌아오다, 떠오르다   Hint!
come to

그 수술 후에
after the surgery

| 그 환자는 | 의식이 돌아오지 않았다 | 그 수술 후에 |

The patient didn't (   ) after the surgery.

step 5 그 장비에 많은 기술적 문제들이 생겼다.

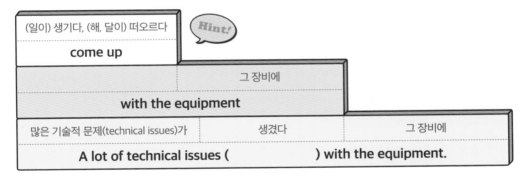

(일이) 생기다, (해, 달이) 떠오르다   Hint!
come up

그 장비에
with the equipment

| 많은 기술적 문제(technical issues)가 | 생겼다 | 그 장비에 |

A lot of technical issues (   ) with the equipment.

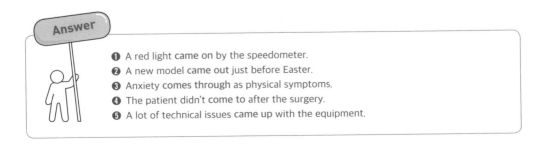

Answer

❶ A red light **came on** by the speedometer.
❷ A new model **came out** just before Easter.
❸ Anxiety **comes through** as physical symptoms.
❹ The patient didn't **come to** after the surgery.
❺ A lot of technical issues **came up** with the equipment.

53

'feel like, go out with, drop in, see to, come up' 중에 알맞은 말을 골라 박스를 채워 보세요.

Ally	Marge, what shall I do? I ❶_____ _____ I'm stuck in this relationship.
Marge	What's wrong?
Ally	I have been ❷_____ _____ _____ this Eric guy for two months now. But Meg is pursuing him.
Marge	My, my. Does she know Eric is your boyfriend?
Ally	Nope. I must tell her, but I'm afraid of losing her friendship.
Marge	Hmmm… it's kind of complicated. But I would rather tell her myself instead of leaving her to find out by herself and feel betrayed.
Ally	She may feel betrayed anyhow. Actually, Eric is her client and I got to know him when he ❸_____ _____ to have a meeting with her.
Marge	What's the matter with that? Knowing a man first doesn't give her any right to claim the man.
Ally	Yeah, I know. Still, I'm afraid she may feel like that.
Marge	I can see she may feel hurt. But she's a grown-up. She's got to be able to handle her feelings.

앨리	마지, 어떡하죠? 이 관계에 끼어서 꼼짝달싹 못하는 ❶것 같아요.
마지	무슨 일인데 그래?
앨리	에릭이란 남자와 ❷데이트한 지 이제 두 달 됐거든요. 그런데 메그가 에릭을 쫓아다녀요.
마지	이런, 메그는 에릭이 네 남자친구인 거 알아?
앨리	아뇨. 메그한테 얘기해야 하는데, 메그와의 우정이 깨질까봐 걱정이에요.
마지	흠…, 좀 복잡하군. 나 같으면 메그가 알게 되어 배신감을 느끼게 하느니 내가 말하겠어.
앨리	어떻게 해도 배신감은 느낄 거예요. 사실 에릭은 메그의 고객이고, 에릭이 회의하러 ❸왔을 때 에릭을 알게 됐거든요.
마지	그게 무슨 상관이야? 먼저 알았다고 그 남자가 자기 거라고 주장할 권리가 있나?
앨리	그렇죠. 하지만 메그가 그렇게 생각할까봐 걱정이에요.
마지	기분이 상하긴 하겠지. 하지만 성인인데 자기 감정은 추스를 줄 알아야지.

어휘 **stuck in** 곤경에 빠져, 꼼짝 못하는 **pursue** 따라다니다, 추구하다 **kind of** 약간 **complicated** 복잡한, 뒤얽힌 **betray** 배반하다, 누설하다 **anyhow** 어쨌든, 여하튼 **grown-up** 어른, 성인 **handle** 다루다

정답 ❶ feel like ❷ going out with ❸ dropped in

54

'feel like, go out with, drop in, see to, come up' 중에 알맞은 말을 골라 박스를 채워 보세요.

Eric	Cindy?
Cindy	Yes, Eric?
Eric	Could you arrange a courier so he can go to a jewelry store named Bijou at Macy's, pick up my order and get it to me before I leave?
Cindy	I'm not sure there's enough time to arrange a courier. Weren't you supposed to go there yourself?
Eric	Yeah, but things ❶_____ _____and I can't go. And one more thing. Please see if you can reserve a table for two at NYLA at 8 p.m. this evening. If time is running out, I would like to have the courier deliver the jewelry straight to the restaurant.
Cindy	OK. I'll ❷_____ _____it right away.

에릭	신디?
신디	네, 에릭?
에릭	퀵서비스에 연락해서 메이시스 백화점에 있는 비쥬라는 보석상에서 내 주문품을 퇴근 전에 가져다 달라고 해주겠어요?
신디	퀵서비스를 쓸 시간이 있으려나 모르겠네요. 직접 가시려던 거 아니었어요?
에릭	응, 그러려고 했는데 일이 ❶ 생겨서 가지 못하게 됐어요. 그리고 한 가지 더. 오늘 저녁 8시에 NYLA에 두 자리 예약할 수 있는지 알아봐줘요. 시간이 없으면 퀵이 식당으로 바로 오게 하면 좋겠는데.
신디	좋아요. 당장 ❷ 알아볼게요.

어휘 **arrange** 정리하다, 처리하다 **courier** 급사, 급송 택배 **run out** 바닥나다

정답 ❶ came up ❷ see to

put ❶

take ❶

bring

hold

hang

GROUP 03

put ①

put 은
사람 혹은 사물을 '어떤 장소에 놓다'거나 '특정 상황에 둔다'라는 의미가 있다.

across

이해시키다
속이다

* put은 '놓다', across는 '가로질러서 상대편으로'라는 의미가 있다. 그러므로 어떤 아이디어 등을 상대방에게 전달되도록 하는 것, 즉 '이해시키는' 것이다.

- **put across the message**
  그 메시지를 이해시키다
- **put across a trick**
  속임수를 쓰다

- She successfully **put** her views **across** during the meeting.
  그 여자는 회의하는 동안 자신의 견해를 이해시켰다.
- He **put across** a fraud on the club members.
  그는 그 클럽 회원들에게 사기를 쳤다.

≒ **deceive**

The con man **deceived** the old lady into buying the shoes.
그 사기꾼은 할머니를 속여서 그 신발을 사게 만들었다.

down

기입하다, 써 넣다
진압하다

- **put down my name**
  내 이름을 써 넣다
- **put down the deposit**
  보증금을 걸다

- Could you **put** me **down** on the waiting list?
  제 이름을 대기자 명단에 넣어주시겠어요?
- Police used violence to **put** the riot **down**.
  경찰은 그 폭동을 진압하기 위해 폭력을 사용했다.

≒ **write down**

You should **write down** your name underneath the line.
그 선 아래에 이름을 쓰셔야 합니다.

forward

내놓다, 제안하다
추천하다

* forward는 '앞으로', put은 '놓다'의 뜻이므로 '사람을 앞에 내세우다', '어떤 의견 등을 앞에 내세우다'의 의미로 쓰인다.

- **put forward a proposal**
  제안서를 내놓다
- **put forward a candidate**
  후보 한 명을 추천하다

- **The planning team put forward a long-term plan.**
  기획팀이 장기 계획안을 내놓았다.
- **The party put forward three candidates for the committee chair.**
  그 정당은 위원회 의장직에 세 명의 후보를 추천했다.

⊜ suggest

Alex suggested a new marketing campaign.
알렉스는 새로운 마케팅 캠페인을 제안했다.

off

연기하다, 미루다

- **put off a meeting**
  회의를 연기하다
- **put off the final judgment**
  최종 판결을 미루다

- **The soccer match was put off until Sunday.**
  축구 경기는 일요일로 연기되었다.
- **Don't put off until tomorrow what you can do today.**
  오늘 할 수 있는 일을 내일로 미루지 말라.

⊜ postpone

The fundraiser was postponed.
그 모금 운동은 연기되었다.

on

입다(동작의 의미)
몸무게가 늘다 / 늘리다

* on은 '접촉'의 의미를 가지고 있는 전치사로, 어떤 것을 내 몸과 접촉(on)한 상태로 '놓으면' 옷을 입는 것이고, 살이 '붙어서' 더해지도록 놓으면 몸무게가 늘다라는 의미가 된다.

- **put on a dress**
  원피스를 입다
- **put on a pound**
  1파운드가 찌다

- **He put on his jacket.**
  그는 재킷을 걸쳤다.
- **I put on 3 kilograms during the holidays.**
  명절 동안 나는 3킬로그램이 불었다.

⊜ get dressed

The child was so excited about going out that he got dressed in a minute.
그 아이는 외출하는 게 너무도 신나서 금세 옷을 입었다.

step ① 그는 단지 자신의 의견을 이해시키길 원했다.

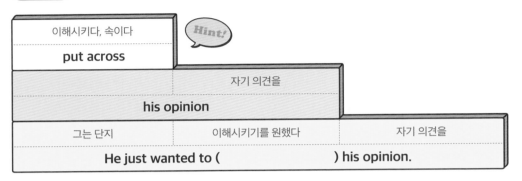

이해시키다, 속이다		Hint!
put across		

	자기 의견을	
his opinion		

그는 단지	이해시키기를 원했다	자기 의견을
He just wanted to (	**)**	**his opinion.**

step ② 들은 것을 다 써두려고 하지 마라.

기입하다, 써넣다		Hint!
put down		

	듣는 모든 것을	
everything you hear		

하려고 하지 마라	써두다	듣는 모든 것을
Don't try to (	**)**	**everything you hear.**

step ③ 그 위원회는 새로운 제안을 내놓았다.

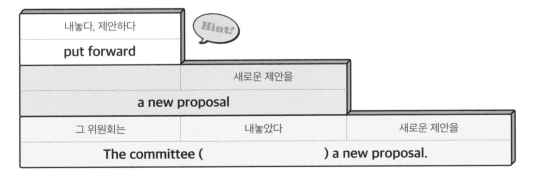

내놓다, 제안하다		Hint!
put forward		

	새로운 제안을	
a new proposal		

그 위원회는	내놓았다	새로운 제안을
The committee (	**)**	**a new proposal.**

step ④ 로버트는 마지막 순간까지 일을 미루는 경향이 있다.

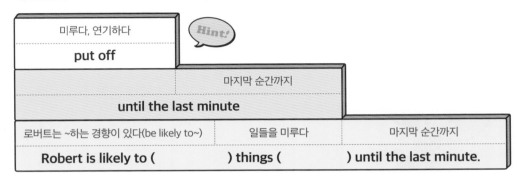

미루다, 연기하다	Hint!	
put off		

	마지막 순간까지	
	until the last minute	

로버트는 ~하는 경향이 있다(be likely to~)	일들을 미루다	마지막 순간까지
Robert is likely to (	**) things (**	**) until the last minute.**

step ⑤ 립스틱 좀 바르는 게 어때?

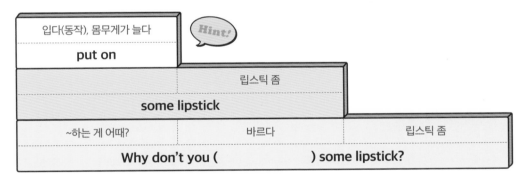

입다(동작), 몸무게가 늘다	Hint!	
put on		

	립스틱 좀	
	some lipstick	

~하는 게 어때?	바르다	립스틱 좀
Why don't you (	**) some lipstick?**	

Answer

❶ He just wanted to put across his opinion.
❷ Don't try to put down everything you hear.
❸ The committee put forward a new proposal.
❹ Robert is likely to put things off until the last minute.
❺ Why don't you put on some lipstick?

take ①

take 는
무언가를 '가져서 취하다'는 뜻으로, 물건이나 추상적인 개념에 쓰인다. '여럿 중에 골라서 취하다'라는 의미도 있다.

away

제거하다, 치우다
앗아가다

- **take** you **away**
  너를 데려가다
- **take away** the wrapper
  포장지를 벗기다

- Robbers **took away** the jewelry.
  강도들이 보석을 가져갔다.
- They **took away** tires from his car.
  그들은 그의 차에서 타이어를 가져가 버렸다.

⇔ **remove**

They **removed** the packaging from the toy.
그들은 그 장난감 포장을 벗겼다.

back

무르다/반품하다
철회하다

- **take** it **back** to the store
  그것을 상점에 도로 가져다주다
- **take back** his claim
  그의 주장을 철회하다

- **Take** it **back** and get a refund.
  그걸 도로 가져다주고 환불을 받아.
- He won't **take back** his decision.
  그는 자기 결정을 절대 철회하지 않을 것이다.

⇔ **return**

You should go to the counter on the third floor to **return** your purchase.
구매하신 상품을 반품하시려면 3층에 있는 카운터로 가셔야 합니다.

in ❶

(손님)을 맞이하다
이해하다

- **take** customers **in**
  손님을 맞이하다
- **take in** the meaning
  의미를 이해하다

- The Catholic school is **taking in** some disabled students.
  그 가톨릭 학교는 장애 학생 몇몇을 받고 있다.
- Color helps readers **take in** information.
  색깔은 독자들이 정보를 이해하는 것을 도와준다.

⊜ **understand**

The students began to **understand** the graph.
그 학생은 그래프를 이해하기 시작했다.

in ❷

(옷을) 줄이다
속이다

- **take in** the waist on the skirt
  치마 허리를 줄이다
- be **taken in**
  속임을 당하다

- The customer left a pair of pants to have the waist **taken in**.
  그 손님이 허리를 줄여 달라고 바지 한 벌을 맡겼다.
- She was **taken in** by her relatives.
  그 여자는 친척들에게 속임을 당했다.

⊜ **deceive**

Magicians **deceive** audiences with sleight of hand movements.
마술사들은 빠른 손동작으로 관중들을 속인다.

off

(옷을) 벗다
(체중을) 줄이다

- **take off** your hat
  네 모자를 벗다
- **take off** three pounds
  3파운드를 줄이다

- You should **take off** your shoes when you enter temples in India.
  인도에서는 사원에 들어갈 때 신발을 벗어야 한다.

⊜ **get undressed**

He was told to **get undressed** before the physical exam.
그는 신체검사 전에 탈의하라는 말을 들었다.

step ❶ 그 사고는 내게서 모든 것을 빼앗아 갔다.

제거하다, 치우다, 빼앗아 가다
take away

Hint!

모든 것을 / 내게서
everything / from me

그 사고는	빼앗아 갔다	모든 것을 / 내게서
The accident (	**)**	**everything from me.**

step ❷ 나는 내가 했던 말을 취소하고 싶지 않다.

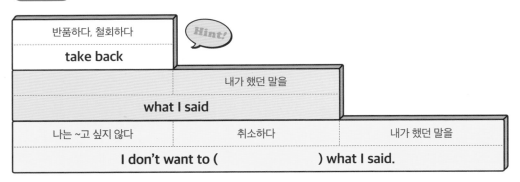

반품하다, 철회하다
take back

Hint!

내가 했던 말을
what I said

나는 ~고 싶지 않다	취소하다	내가 했던 말을
I don't want to (	**)**	**what I said.**

step ❸ 인간의 뇌는 죽음에 대한 메시지를 빨리 받아들인다.

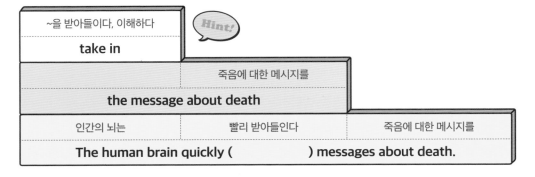

~을 받아들이다, 이해하다
take in

Hint!

죽음에 대한 메시지를
the message about death

인간의 뇌는	빨리 받아들인다	죽음에 대한 메시지를
The human brain quickly (	**)**	**messages about death.**

step ④ 우리는 그 광고에 속았다.

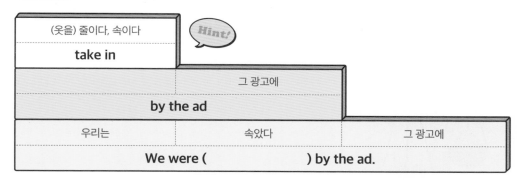

(옷을) 줄이다, 속이다

take in

Hint!

그 광고에
by the ad

우리는	속았다	그 광고에
	We were ( ) by the ad.	

step ⑤ 들어가기 전에 신발을 벗어야 하나요?

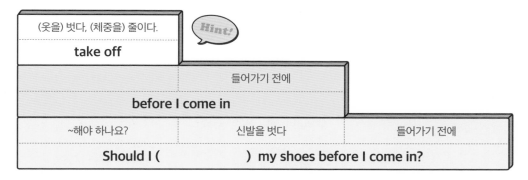

(옷을) 벗다, (체중을) 줄이다.

take off

Hint!

들어가기 전에
before I come in

~해야 하나요?	신발을 벗다	들어가기 전에
	Should I ( ) my shoes before I come in?	

Answer

❶ The accident **took away** everything from me.
❷ I don't want to **take back** what I said.
❸ The human brain quickly **takes in** messages about death.
❹ We were **taken in** by the ad.
❺ Should I **take off** my shoes before I come in?

hang

hang 은
'물건을 걸어 놓다', '매달다'는 의미에서 발전해 걸어놓으면 사용하지 못하는 상태가 되기 때문에 '어떤 상태로 유보되다', '어떤 상태가 유지되다'라는 의미로도 쓰인다.

around

어슬렁거리다
배회하다
* 특별한 이유 없이 돌아다니는 것을 의미한다.

- hang around bars
  술집을 전전하다
- hang around the campus
  별 할일 없이 캠퍼스를 돌아다니다

- My son likes to hang around with older kids after school.
  내 아들은 방과 후에 나이 많은 애들과 돌아다니는 걸 좋아한다.
- I don't have time to hang around.
  나는 어영부영 돌아다닐 시간이 없어요.

⊜ **hang out**

The kids usually **hang out** on the beach.
아이들은 대개 해변에서 어울려 논다.

on

기다리다
매달리다

- hang on a minute
  잠시 기다리다
- hang on to hope
  희망을 간직하다

- Can you hang on a sec.?
  잠깐 기다려 줄래요?
- Don't hang on to other people. Depend on yourself.
  다른 사람한테 매달리지 말고 스스로에게 의지해.

⊜ **hang in**

Hang in there.
참고 견뎌.

out

서성이다

(성인들이 어울려) 놀다

cf. '놀다'라는 의미의 play는 성인들은
하지 않는다.

- **hang out in the student cafeteria**
  학교 식당에서 시간을 보내다
- **hang out with friends**
  친구들과 어울려 놀다

- **He usually hung out in the outdoor cafe.**
  그는 대개 그 노천카페에서 시간을 보냈다.
- **The girl hung out with her friends in the shopping mall.**
  그 소녀는 친구들과 쇼핑몰에서 어울렸다

⊜ **hang around**

The girls **hang around** downtown after school.
그 소녀들은 방과 후 시내에서 돌아다닌다.

over

(위험, 근심 등이) 다가오다

- **a danger hangs over**
  위험이 다가오다
- **a misfortune hangs over**
  불행이 다가오다

- **A hint of fear hung over his face.**
  두려운 기색이 그의 얼굴에 드러났다.
- **A drought hung over every citizen.**
  가뭄이 모든 시민들에게 다가왔다.

⊜ **loom**

War was **looming** ahead.
전쟁이 다가오고 있었다.

up

전화를 끊다
집착하게 하다

- **hang up the phone**
  전화를 끊다
- **She is still hung up on her ex-boyfriend.**
  그녀는 전 남자친구에게 집착하고 있다.

- **He hung up on me.**
  그는 나와 통화 중에 전화를 끊었다.
- **Many teenagers are hung up on smart phones.**
  많은 십대들이 휴대전화에 집착하고 있다.

step 1 코로나 바이러스 때문에 동네에서조차도 돌아다닐 수가 없다.

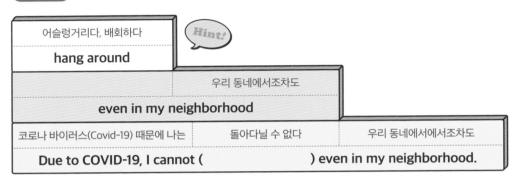

어슬렁거리다, 배회하다	Hint!
hang around	

	우리 동네에서조차도
even in my neighborhood	

코로나 바이러스(Covid-19) 때문에 나는	돌아다닐 수 없다	우리 동네에서에서조차도
Due to COVID-19, I cannot (	**) even in my neighborhood.**	

step 2 많은 사람들이 백신에 대한 희망에 매달려 있다.

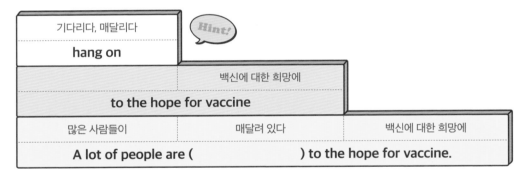

기다리다, 매달리다	Hint!
hang on	

	백신에 대한 희망에
to the hope for vaccine	

많은 사람들이	매달려 있다	백신에 대한 희망에
A lot of people are (	**) to the hope for vaccine.**	

step 3 조쉬는 학교에서 일진들과 어울린다.

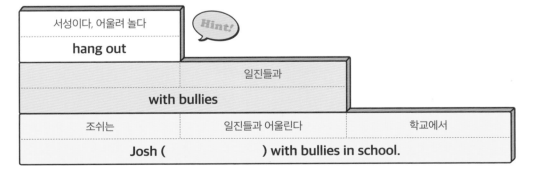

서성이다, 어울려 놀다	Hint!
hang out	

	일진들과
with bullies	

조쉬는	일진들과 어울린다	학교에서
Josh (	**) with bullies in school.**	

68

hang 구동사를 사용하여 문맥에 맞게 박스를 채워 보세요.(hang-hung-hanged)

step 4 팬데믹의 위협이 전 세계에 다가오고 있다.

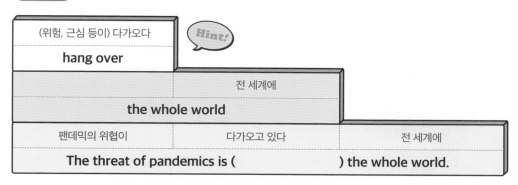

(위험, 근심 등이) 다가오다			Hint!
hang over			

	전 세계에	
the whole world		

팬데믹의 위협이	다가오고 있다	전 세계에
The threat of pandemics is (	**)**	**the whole world.**

step 5 니나의 전 남자친구는 그녀에게 5년 넘게 집착하고 있다.

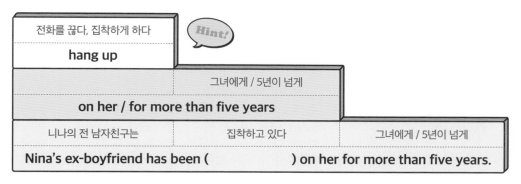

전화를 끊다, 집착하게 하다			Hint!
hang up			

	그녀에게 / 5년이 넘게	
on her / for more than five years		

니나의 전 남자친구는	집착하고 있다	그녀에게 / 5년이 넘게
Nina's ex-boyfriend has been (	**)**	**on her for more than five years.**

Answer

❶ Due to COVID-19, I cannot **hang around** even in my neighborhood.
❷ A lot of people are **hanging on** to the hope for vaccine.
❸ Josh **hangs out** with bullies in school.
❹ The threat of pandemics is **hanging over** the whole world.
❺ Nina's ex-boyfriend has been **hung up** on her for more than five years.

bring

about

야기하다, 초래하다

- **bring about changes**
  변화를 초래하다
- **bring about conflicts**
  갈등을 초래하다

- The Internet has **brought about** information overload.
  인터넷은 정보의 범람을 초래했다.
- Religious conflicts **brought about** the war.
  종교 갈등이 그 전쟁을 초래했다.

⊜ give rise to

Their conflict **gave rise to** the fight.
그들의 갈등이 그 싸움을 낳았다.

back

돌려주다, 반품하다
기억나게 하다
되돌리다

- **bring back the coat**
  코트를 반품하다
- **bring back the time with him**
  그와 보낸 시간을 기억나게 하다

- The picture **brought** me **back** to Malta.
  그 사진을 보니 몰타에서의 추억이 다시 생각났다.
- The movie **brought** him **back** to the days of his hometown.
  그 영화는 그에게 고향에서 보낸 시절을 생각나게 했다.

⊜ return

You can **return** the hair dryer if you are not satisfied with it.
그 헤어드라이어가 마음에 들지 않으면 반품할 수 있다.

bring 은
원형적인 의미로 '가지고 오다'이며, 추상적인 의미로는 '어떤 상태가 되게 하다', '불러일으키다'의 의미로 쓰인다. 물질적인 의미로는 '실제로 어떤 물건을 가지고 오다'라는 뜻이다.

in

들여오다(도입하다)
(돈을) 벌어들이다
(사람을) 영입하다

- bring in a new system
  새로운 시스템을 들이다
- bring in new instructors
  새로운 강사들을 초빙하다

- They decided to bring in new safety procedures.
  그들은 새로운 안전 절차를 도입하기로 결정했다.
- The company brought in Internet experts.
  그 회사는 인터넷 전문가들을 영입했다.

⊜ invite

The company invited the famous politician to speak at the ceremony.
그 회사는 유명 정치인을 행사 때 연설하도록 초청했다.

up ❶

키우다, 양육하다

- bring up twins
  쌍둥이를 키우다
- bring up competitiveness
  경쟁력을 키우다

- It takes a whole village to bring up a child.
  한 아이를 키우는 데는 마을 전체가 필요하다.
- He was brought up by his grandparents.
  그는 조부모의 손에 키워졌다.

⊜ raise

The family raised two twins.
그 가족은 두 쌍둥이를 키웠다.

* raise는 사람, 동물, 식물을 키우는 데다 쓸 수 있고, bring up은 사람에게만 쓸 수 있다.

up ❷

해석(문제들을) 내놓다
(아이디어 등을) 꺼내다

- bring up a topic
  화제를 꺼내다
- bring up the subject
  그 주제를 꺼내다

- He always brings up new ideas.
  그는 늘 새로운 아이디어를 내놓는다.
- Don't bring up the question.
  그 질문은 꺼내지 마.

⊜ mention

She never mentions her high school days.
그녀는 고등학교 시절을 절대 입에 올리지 않는다.

71

step 1 그 팬데믹은 우리 삶에 극적인 변화를 가져왔다.

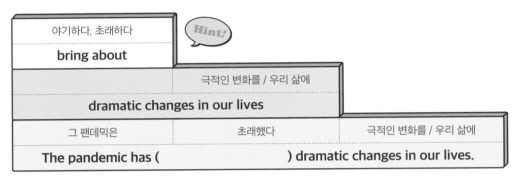

야기하다, 초래하다	
bring about	Hint!

	극적인 변화를 / 우리 삶에
dramatic changes in our lives	

그 팬데믹은	초래했다	극적인 변화를 / 우리 삶에
The pandemic has (	**)**	**dramatic changes in our lives.**

step 2 그 질문은 우리를 자원에 대한 근본적인 문제로 되돌려주었다.

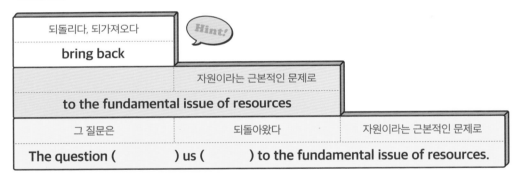

되돌리다, 되가져오다	
bring back	Hint!

	자원이라는 근본적인 문제로
to the fundamental issue of resources	

그 질문은	되돌아왔다	자원이라는 근본적인 문제로
The question (	**) us (**	**) to the fundamental issue of resources.**

step 3 우리는 고대 언어 전문가를 데려올 필요가 있다

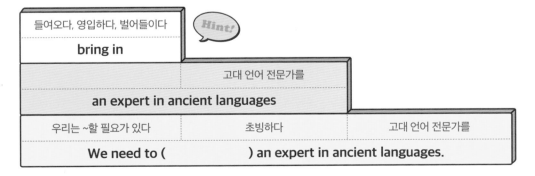

들여오다, 영입하다, 벌어들이다	
bring in	Hint!

	고대 언어 전문가를
an expert in ancient languages	

우리는 ~할 필요가 있다	초빙하다	고대 언어 전문가를
We need to (	**)**	**an expert in ancient languages.**

step 4 나는 독립적으로 키워졌다.

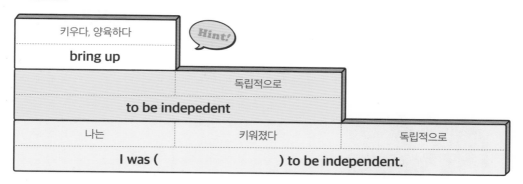

키우다, 양육하다
bring up

Hint!

독립적으로
to be indepedent

| 나는 | 키워졌다 | 독립적으로 |

I was (　　　　　　) to be independent.

step 5 장기 기증이란 주제를 꺼낼 때가 아니다.

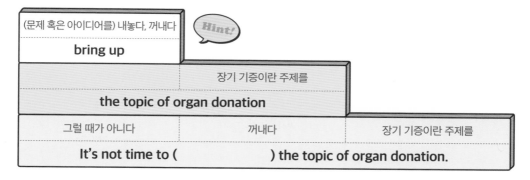

(문제 혹은 아이디어를) 내놓다, 꺼내다
bring up

Hint!

장기 기증이란 주제를
the topic of organ donation

| 그럴 때가 아니다 | 꺼내다 | 장기 기증이란 주제를 |

It's not time to (　　　　) the topic of organ donation.

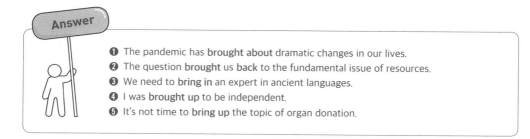

Answer

❶ The pandemic has **brought about** dramatic changes in our lives.
❷ The question **brought** us **back** to the fundamental issue of resources.
❸ We need to **bring in** an expert in ancient languages.
❹ I was **brought up** to be independent.
❺ It's not time to **bring up** the topic of organ donation.

hold

hold 는
무언가를 붙들어서 '유지하고 있다'
는 의미가 있다. 어떤 상태가 '유보
되고 있다', 어떤 영향이 '지속되고
있다'는 의미로도 쓰인다.

back

참다, 비밀로 하다
(cf. 내놓지 않고 누르고 있다)
저지하다, 방해하다
(cf. 앞으로 가지 못하게 뒤로 잡아 쥐다)

- hold back anger
  화를 참다
- hold back economic
  recovery
  경제 회복을 저지하다

- The dam cannot hold
  back water anymore.
  그 댐은 더 이상 물을 담고 있을 수
  없다.
- Nothing should hold
  back our relief for the
  refugees.
  그 어떤 것도 난민 대상 구호를 지체
  시켜서는 안 된다.

⇔ contain

He struggled to contain
his anger.
그는 화를 참으려고 애썼다.

down

억제하다, 낮게 유지하다

- hold down prices
  가격을 낮게 유지하다
- hold down inflation
  인플레이션을 억제하다

- The government took
  steps to hold down prices
  of prime goods.
  정부는 주요 상품의 가격을 억제하기
  위한 조치들을 취했다.

⇔ keep low

He was told to keep his
protein intake low.
그는 단백질 섭취를 계속 낮추라는 말
을 들었다.

off

피하다
막다
미루다

- hold off opponents
  적들을 막다
- hold off on buying it
  그것을 구매하는 것을 미루다

- I'd hold off on purchasing an iPhone. The price will drop when a new model comes out.
  나 같으면 더 있다가 아이폰을 구매하겠어. 새 모델이 나오면 가격이 떨어지니까.

⊜delay

The company kept delaying the payment.
그 회사는 결제를 계속 미뤘다.

onto

꼭 잡고 있다, 매달리다

- hold onto the rope
  밧줄에 꼭 매달리다
- hold onto hope
  희망에 매달리다

- Hold onto the strap. The bus ride is bumpy.
  손잡이 꼭 잡으세요. 버스가 흔들려요.
- Hold onto your tickets.
  표를 잘 간수하고 계세요.

⊜hold firmly

The old man was holding his crane firmly not to lose his balance.
그 할아버지는 균형을 잃지 않기 위해 지팡이를 꼭 붙잡았다.

up

지연시키다
총을 들고 강탈하다
• hold up!은 강도가 '손 들고 가만히 있어!'라고 명령하는 것이다. 손을 들게 해 놓고 금품을 강탈해 가기 때문에 hold 자체도 '강탈하다'의 의미로 쓴다.

- hold up traffic
  교통을 정체시키다
- A robber held up a senior citizen.
  강도가 총을 들고 한 노인을 강탈했다.

- The accident held up mid-morning traffic for about 90 minutes.
  그 사고는 오전 시간대 교통을 90분 정도 정체시켰다.

⊜delay

The heavy snow delayed mail delivery.
폭설로 인해 우편 배달이 지연되었다.

step 1 그 어린 소년은 수업 중에 눈물을 참았다.

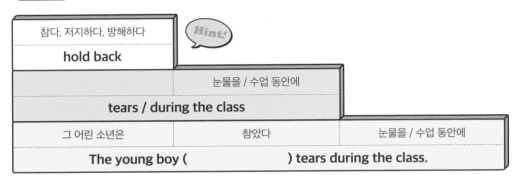

참다, 저지하다, 방해하다
hold back
Hint!

눈물을 / 수업 동안에
tears / during the class

그 어린 소년은	참았다	눈물을 / 수업 동안에

The young boy (　　　　　) tears during the class.

step 2 여자라는 사실은 연구에 대한 그녀의 열정을 결코 억제하지 못했다.

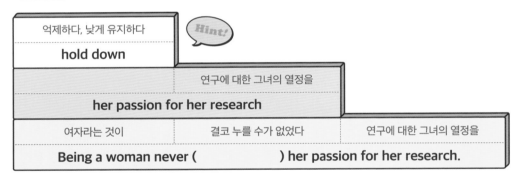

억제하다, 낮게 유지하다
hold down
Hint!

연구에 대한 그녀의 열정을
her passion for her research

여자라는 것이	결코 누를 수가 없었다	연구에 대한 그녀의 열정을

Being a woman never (　　　　　) her passion for her research.

step 3 새 프로젝트의 시작을 미루는 게 좋을 거야.

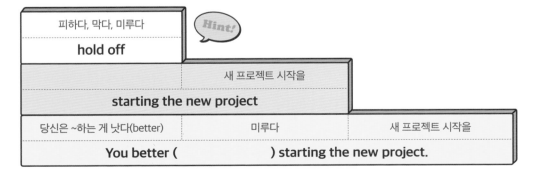

피하다, 막다, 미루다
hold off
Hint!

새 프로젝트 시작을
starting the new project

당신은 ~하는 게 낫다(better)	미루다	새 프로젝트 시작을

You better (　　　　　) starting the new project.

step 4 그 여자는 신에 대한 믿음을 굳게 지켰다.

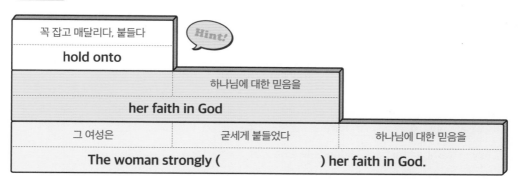

꼭 잡고 매달리다, 붙들다
hold onto
Hint!

하나님에 대한 믿음을
her faith in God

| 그 여성은 | 굳세게 붙들었다 | 하나님에 대한 믿음을 |

The woman strongly (　　　　　　　) her faith in God.

step 5 선적이 눈보라 때문에 지연되었다.

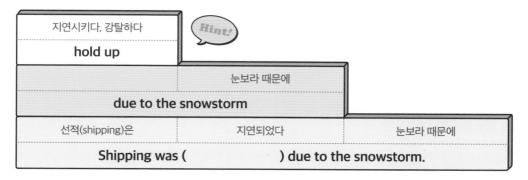

지연시키다, 강탈하다
hold up
Hint!

눈보라 때문에
due to the snowstorm

| 선적(shipping)은 | 지연되었다 | 눈보라 때문에 |

Shipping was (　　　　　　　) due to the snowstorm.

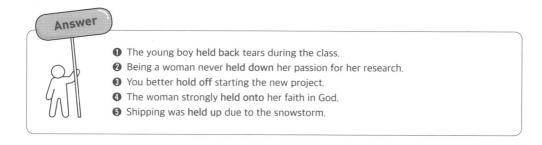

Answer

❶ The young boy **held back** tears during the class.
❷ Being a woman never **held down** her passion for her research.
❸ You better **hold off** starting the new project.
❹ The woman strongly **held onto** her faith in God.
❺ Shipping was **held up** due to the snowstorm.

'take away, bring back, put on, hang around, hold on' 중에 알맞은 말을 골라 박스를 채워 보세요.

Ally	Meg, I've got a tinted face cream for you. Here. This cream came out on the market just last week and the saleslady said it works fantastic!
Meg	It's useless now. Everything's over. (sob sob)
Ally	Oh-oh. Meg, what happened?
Meg	Eric is dating another girl! I heard it from Cindy. I have to find out who she is and ❶ _____ him _____ to me!
Ally	Bring him back? Sounds like he was yours!
Meg	He was almost MINE! He even said we speak the same language and we have real chemistry.
Ally	Oh, did he?
Meg	No one can ❷ _____ him _____ from me!

앨리	메그, 틴트 크림 사 왔어. 여기 있어. 이 크림은 지난 주에 막 출시된 건데, 판매 아가씨가 정말 효과가 끝내준다고 그러더라!
메그	이제 그건 소용없어. 모든 게 다 끝났어. (흑흑)
앨리	어, 에그, 무슨 일이야?
메그	에릭이 다른 여자랑 데이트한대! 신디에게 들었어. 누군지 알아내서 에릭을 ❶ 되찾아 와야겠어!
앨리	되찾아 온다고? 꼭 에릭이 네 거였던 것처럼 말하는구나!
메그	내 거나 다름없었지! 에릭이 우리는 말이 정말 잘 통하고 잘 맞는다는 말까지 했는걸!
앨리	아, 그랬어?
메그	아무도 나한테서 에릭을 못 ❷ 뺏어가!

(어휘) **sob** 흐느끼다 **chemistry** (다른 사람과의) 공감대, 화학

(정답) ❶ bring back ❷ take away

당신 바람둥이지?

'take away, bring back, put on, hang around, hold on' 중에 알맞은 말을 골라 박스를 채워 보세요.

Eric	By the way, why did you tell me not to go to Macy's?
Ally	Oh, can I tell you later? I don't want to think about it now.
Eric	Well, then, ❶ _____ _____ a sec. Ta-dah! I hope this little thing makes you feel better.
Ally	Oh, what is it? Oh, Eric! It's so lovely!
Eric	Well, well, let me help you ❷ _____ it _____ . There!
Ally	It's the most gorgeous silver pendant I've ever seen!
Eric	You look really gorgeous in it. Actually, I've never met a girl like you before. We speak the same language, we have the same...
Ally	Wait, wait! Did you say we SPEAK THE SAME LANGUAGE?
Eric	Yeah, isn't it the most important thing in a relationship?
Ally	Ha! How many girls have you said that line to? Do you say that to every girl who ❸ _____ _____ you?
Eric	Ally, I don't get it. What's this all about?

에릭	그건 그렇고, 왜 메이시스 백화점에 가지 말라고 한 거야?
앨리	아, 있다 얘기하면 안 될까? 지금은 그 생각을 지금 하고 싶지 않아.
에릭	음, 그럼 ❶ 잠깐만. 짠! 이게 당신 기분을 풀어 줬으면 좋겠다.
앨리	어머, 이게 뭐야? 아, 에릭! 이거 너무 예뻐!
에릭	자, 내가 ❷ 하는 걸 도와줄게. 자!
앨리	내가 본 것 중에 가장 멋진 은 펜던트야!
에릭	그 펜던트를 하니까 정말 멋진걸. 사실 난 당신 같은 여자를 만나 본 적이 없어. 우린 말도 잘 통하고, 우린 공통된…
앨리	자, 잠깐만. 지금 우리가 말이 잘 통한다고 했어?
에릭	응. 관계에선 그게 제일 중요한 거 아냐?
앨리	하! 대체 몇 명한테 그 구절을 말했어? 그 말을 ❸ 주변에 얼쩡거리는 여자들한테 전부 하나 보네?
에릭	앨리, 모르겠어. 대체 왜 그러는 거야?

어휘 gorgeous 호화스러운, 눈부신 **pendant** 펜던트 **relationship** 관계 **line** 구

정답 ❶ hold on ❷ put on ❸ hangs around

call

keep

work

get ❷

let

GROUP 04

get ②

down to

어떤 일에 진지하게 매달리다.

get 은
무언가를 '받거나 얻다', 혹은 '잡거나 가져오다'의 의미가 있다. 실질적으로 물건을 받거나 얻거나 사는 경우에도 쓰이고, 눈에 보이지 않는 것을 이해해서 얻는 경우에도 쓰인다.

- **get down to business**
  사업에 본격적으로 매달리다
- **get down to the nitty gritty**
  본론으로 들어가다

- I got **down to** work and passed all the tests.
  나는 공부에 매달려서 모든 시험에 붙었다.
- We got **down to** researching solar lights.
  우리는 태양빛 연구에 본격적으로 매달렸다.

⊜ knuckle down to

It is difficult for Josh to knuckle down to writing his book.
조쉬는 집중해서 책을 쓰는 것이 힘들다.

in/out

안으로 들어가다/나가다
차에 타다/차에서 내리다

- **get in a car**
  차에 타다
- **get out of the car**
  차에서 내리다

- He got **in** the van and drove off.
  그는 밴에 올라타더니 차를 몰고 가버렸다.
- She yelled at him, "Get **out** of my car!"
  그녀가 그에게 소리 질렀다. "내 차에서 내려요!"

⊜ hop in

Rob called out to his friends, "Hey, hop in!"
롭은 친구들에게 소리쳤다.
"헤이, 타라고!"

* hop in이 좀 더 구어적인 표현이다.

on/off

(탈 것에) 타다/내리다

- **get on a bus**
  버스에 타다
- **get off at the next station**
  다음 정거장에서 내리다

- I'm afraid I **got on** the wrong bus.
  어쩌지, 버스를 잘못 탔어.
- I **got off** the train on Long Island.
  나는 롱아일랜드에서 기차에서 내렸다.

⇔ board

Business class passengers began to **board** the plane first.
비즈니스 클래스 승객들이 먼저 비행기 탑승을 시작했다.

over

극복하다

- **get over the flu**
  독감을 이겨내다
- **get over the shock**
  그 충격을 극복하다

- Philip **got over** his shyness.
  필립은 수줍음을 극복했다.
- How long will it take to **get over** him?
  그를 잊는 데 얼마나 걸릴까?

⇔ overcome

The actress **overcame** breast cancer and took a title role again.
그 여배우는 유방암을 극복하고 다시 주연을 맡았다.

through

합격하다
통과하다(시키다)
이해하다

- **get through exams**
  시험에 합격하다
- **get through firewalls**
  방화벽을 통과하다

- I'll tell you how to **get through** the holidays without putting on any additional pounds.
  1파운드도 찌지 않고 명절을 지내는 방법을 알려드릴게요.

⇔ pass

The only way to join the club is to **pass** a series of tests.
그 클럽에 가입할 수 있는 유일한 방법은 일련의 테스트들을 거치는 것뿐이다.

step ❶ 정부는 다음 주부터 백신 접종에 착수할 계획이다.

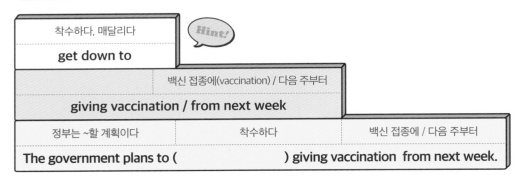

착수하다, 매달리다	Hint!	
get down to		

	백신 접종에(vaccination) / 다음 주부터	
	giving vaccination / from next week	

정부는 ~할 계획이다	착수하다	백신 접종에 / 다음 주부터
The government plans to (	) giving vaccination	from next week.

step ❷ 앨리스는 마지못해 내 차에 탔다.

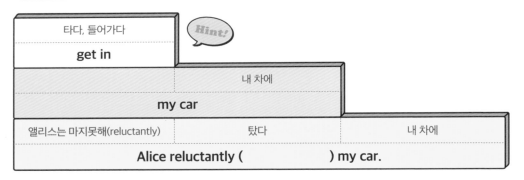

타다, 들어가다	Hint!	
get in		

	내 차에	
	my car	

앨리스는 마지못해(reluctantly)	탔다	내 차에
Alice reluctantly (	) my car.	

step ❸ 시청역에서 내려야겠어요.

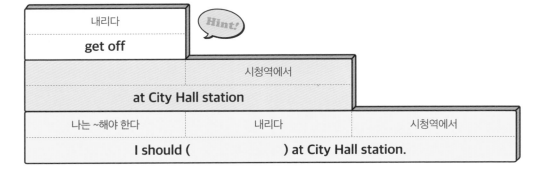

내리다	Hint!	
get off		

	시청역에서	
	at City Hall station	

나는 ~해야 한다	내리다	시청역에서
I should (	) at City Hall station.	

step ④ 제니는 남편과의 사별을 극복하는 데 어려움을 겪고 있다.

극복하다		
get over		
	남편과의 사별을	
the loss of her husband		
제니는 어려움을 겪고(had difficulty ~ing) 있다	극복하다	남편과의 사별을
Jenny had difficulty (	**) the loss of her husband.**	

step ⑤ 나는 마침내 운전면허 시험을 통과했다.

합격하다, 통과하다, 이해하다		
get through		
	운전면허 시험에	
my driving test		
나는 마침내	통과했다	운전면허 시험에
I finally (	**) my driving test.**	

Answer

❶ The government plans to **get down to** giving vaccination from next week.
❷ Alice reluctantly **got in** my car.
❸ I should **get off** at City Hall station.
❹ Jenny had difficulty **getting over** the loss of her husband.
❺ I finally **got through** my driving test.

call

call 은

기본적으로는 '큰소리로 말하다'는 의미가 있으며, '부르다', '외치다' 등의 의미로도 쓰인다.

back

취소하다
나중에 다시 전화하다

- **call back the flight**
  비행 편을 취소하다
- **call him back**
  그에게 다시 전화하다

- The train was **called back.**
  그 기차가 취소되었다.
- Please tell her to **call me back.**
  그녀에게 내게 다시 전화해 달라고 말해 주세요.

⊜ **return one's call**

I returned your call last night, but you didn't answer.
내가 어젯밤에 다시 전화했는데 안 받더라.

down

꾸중하다

* call은 '부르다', down은 '아래로' 혹은 '좋지 않은 상태로'의 의미이므로, call someone down은 누군가를 불러서 down시키는 것, 즉 '좋지 않은 소리를 하다', '꾸중하다'의 뜻이 된다.

- **be called down**
  꾸중을 듣다
- **call down the child**
  그 아이를 꾸중하다

- The teacher **called me down** for being late.
  선생님께서 나를 늦었다고 꾸중하셨다.
- He was **called down** by his boss.
  그는 상사에게 질책을 받았다.

⊜ **reprimand**

The sergeant was reprimanded by the colonel for being too strict to the new conscripts.
그 하사는 신병들에게 너무 엄격하다고 대령에게 질책 받았다.

for

요구하다

* call은 '큰소리로 부르다'이고 for는 '~을 원하여'라는 의미이므로 call for는 for 다음에 나오는 무언가를 달라고 큰소리치는 것, 즉 '요구하다'의 뜻을 갖는다.

- **call for his resignation**
  그의 사임을 요구하다
- **call for bread**
  빵을 요구하다

- **The workers called for a pay raise.**
  근로자들은 임금 인상을 요구했다.
- **In the early twentieth century, women called for voting rights.**
  20세기 초 여성들은 투표권을 요구했다.

⇔ **demand**

The citizen groups demanded fair elections.
그 시민 단체들은 공정한 선거를 요구했다.

off

취소하다

'선언하다'는 뜻의 call과 잘 가던 길에서 '벗어나서'를 의미하는 off가 결합되어 잘 진행하던 일에서 off(벗어나겠다)라고 call(말하다)한다는 의미, 즉 일이 취소되는 것을 뜻한다.

- **call off the flight**
  그 비행 편을 취소하다
- **call off the appointment**
  약속을 취소하다

- **They called off their engagement.**
  그들은 약혼을 취소했다.
- **The customer called off his reservation.**
  그 고객은 예약을 취소했다.

⇔ **cancel**

The press conference was canceled due to the actor's accident.
그 배우의 사고 때문에 기자회견이 취소되었다.

up

전화하다
(저장된 정보를) 불러오다

- **call me up**
  내게 전화하다
- **call up the information**
  정보를 불러오다

- **He kept calling her up until she answered the phone.**
  그는 그녀가 전화를 받을 때까지 전화를 계속했다.
- **He called up the doctor's office to make an appointment.**
  그는 예약을 하기 위해 치과에 전화했다.

⇔ **telephone**

What you have to do is to telephone their office and ask for the information.
너는 그냥 그 사무실에 전화해서 그 정보를 달라고만 하면 된다.

step ❶ 회의 끝나고 제가 다시 전화 드릴게요.

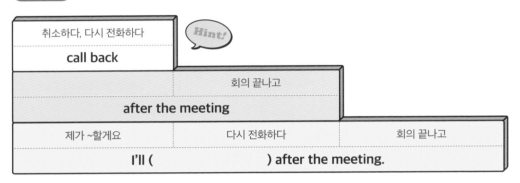

취소하다, 다시 전화하다	Hint!
call back	

	회의 끝나고	
	after the meeting	

제가 ~할게요	다시 전화하다	회의 끝나고
I'll (	**) after the meeting.**	

step ❷ 나는 레포트를 제출하지 않아서 꾸중을 들었다.

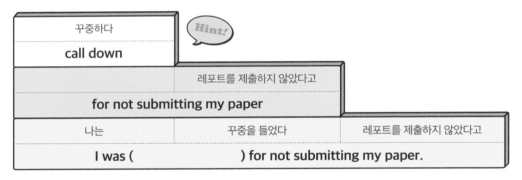

꾸중하다	Hint!
call down	

	레포트를 제출하지 않았다고	
	for not submitting my paper	

나는	꾸중을 들었다	레포트를 제출하지 않았다고
I was (	**) for not submitting my paper.**	

step ❸ 미 상원의원들은 구호기금을 요구했다.

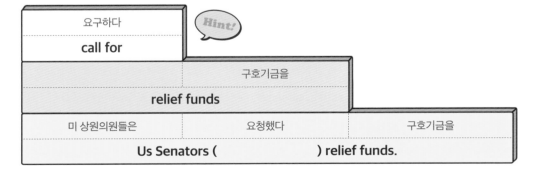

요구하다	Hint!
call for	

	구호기금을	
	relief funds	

미 상원의원들은	요청했다	구호기금을
Us Senators (	**) relief funds.**	

step ❹ 사냥꾼들은 추격을 취소하기로 동의했다.

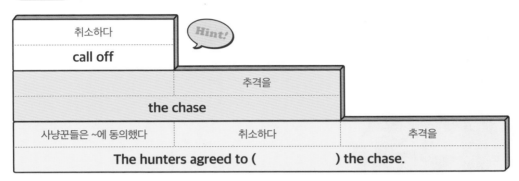

취소하다	Hint!
call off	

	추격을
the chase	

사냥꾼들은 ~에 동의했다	취소하다	추격을
The hunters agreed to (　　　　　) the chase.		

step ❺ 전화 앨범에 있는 사진을 불러오려면 탭하거나 클릭하면 된다.

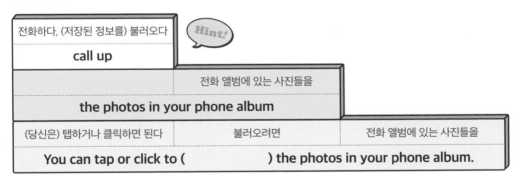

전화하다, (저장된 정보를) 불러오다	Hint!
call up	

	전화 앨범에 있는 사진들을
the photos in your phone album	

(당신은) 탭하거나 클릭하면 된다	불러오려면	전화 앨범에 있는 사진들을
You can tap or click to (　　　　　) the photos in your phone album.		

Answer

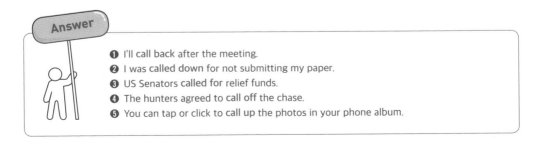

❶ I'll call back after the meeting.
❷ I was called down for not submitting my paper.
❸ US Senators called for relief funds.
❹ The hunters agreed to call off the chase.
❺ You can tap or click to call up the photos in your phone album.

keep

keep 은
무언가를 잘 가지고 '보관, 보존, 유지한다'는 의미. 어떤 상태가 '유지되다', '계속되다'는 의미로도 쓰이며, 계속해서 '기록하다'의 의미도 가지고 있다.

away

가까이하지 않다

- **keep away** from the cliff
  절벽에 가까이 가지 않다
- **keep away** from computer games
  컴퓨터 게임을 가까이하지 않다

- He was told to keep away from cash advances on credit cards.
  그는 신용카드 현금 서비스는 꿈도 꾸지 말라는 말을 들었다.
- You should keep away from junk food.
  불량식품을 가까이하지 말아야 한다.

⊜ stay away

The fortuneteller told him to stay away from water throughout the summer.
그 점쟁이는 그에게 여름 내내 물 가까이 가지 말라고 했다.

down

억누르다, 억제하다

- **keep** your voice **down**
  목소리를 낮추다
- **keep down** the crime rate
  범죄율을 억제하다

- Organic food keeps down allergies.
  유기농 식품은 알레르기를 줄여준다.
- The new technology will keep down energy costs.
  새로운 기술은 에너지 비용을 줄여줄 것이다.

⊜ hold down

You should hold down the power button for about 10 seconds to turn it off.
그걸 끄려면 10초간 전원 버튼을 계속 누르고 있어야 합니다.

from+~ing

금지하다, 억제하다

- **keep from crying**
  울음을 참다
- **keep form smoking**
  흡연을 억제하다

- I couldn't **keep from laughing** at the joke.
  그 농담에 웃지 않을 수 없었다.
- You need to learn to **keep from getting ripped off**.
  너는 바가지 쓰지 않는 법을 배워야 한다.

⊜ **refrain from -ing**

He managed to **refrain from** correcting his son's mistakes.
그는 아들의 실수를 고쳐주고 싶은 것을 가까스로 참았다.

up with

뒤떨어지지 않다

- **keep up with the times**
  시대에 뒤떨어지지 않다
- **keep up with fashion**
  유행에 뒤떨어지지 않다

- He tried hard to **keep up with** current affairs.
  그는 시사 현안에 뒤떨어지지 않기 위해 열심히 노력했다.
- With my salary, it's difficult to **keep up with** inflation.
  내 월급으로는 인플레이션을 쫓아가기가 힘들어요.

⊜ **manage to follow**

The immigrant **managed to follow** the trend.
그 이민자는 트렌드를 간신히 쫓아 갔다.

to oneself

숙어 표현

혼자만 알고 있다
비밀로 하다

- **keep it to yourself**
  너만 알고 있어
- **keep it to ourselves**
  우리만 알고 있자

- I wanted to **keep the landscape to myself**.
  그 경치는 나만 알고 있는 걸로 하고 싶었다.
- I would like you to **keep the story to yourself**.
  그 얘기는 당신만 알고 있었으면 좋 겠습니다.

⊜ **keep ~ a secret**

They **kept the CEO's heart attack a secret**.
그들은 대표이사의 심장 발작을 비밀로 했다.

step 1 나쁜 친구들을 멀리하는 게 좋겠다.

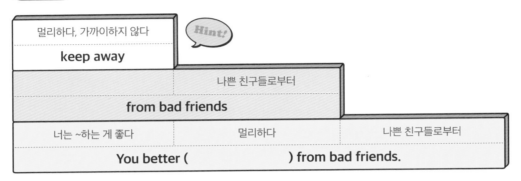

멀리하다, 가까이하지 않다	Hint!	
keep away		

	나쁜 친구들로부터	
from bad friends		

너는 ~하는 게 좋다	멀리하다	나쁜 친구들로부터
You better (	**) from bad friends.**	

step 2 제인은 간신히 월 지출을 줄였다.

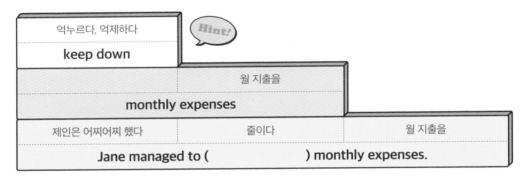

억누르다, 억제하다	Hint!	
keep down		

	월 지출을	
monthly expenses		

제인은 어찌어찌 했다	줄이다	월 지출을
Jane managed to (	**) monthly expenses.**	

step 3 나는 때때로 울음을 멈출 수가 없다.

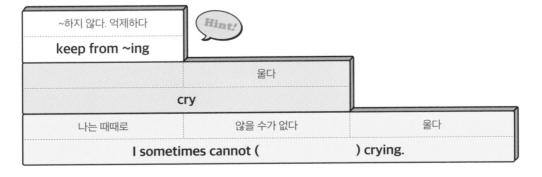

~하지 않다. 억제하다	Hint!	
keep from ~ing		

	울다	
cry		

나는 때때로	않을 수가 없다	울다
I sometimes cannot (	**) crying.**	

step 4 피터는 새로운 기술을 따라가기가 어렵다고 느꼈다.

~에 뒤떨어지지 않다		
keep up with		
	새로운 기술에	
	new technology	
피터는 느꼈다 / 힘들다는 것을	뒤처지지 않다	새로운 기술에
Peter felt it was difficult to (　　　　　　　) new technology.		

Hint!

step 5 네 도움은 필요 없으니 네 생각은 너만 알고 있어.

혼자만 알고 있다		
keep to oneself		
	네 아이디어는	
	your ideas	
당신 도움은 필요 없다. 그러니(so)	(너)만 알고 있어	네 아이디어는
I don't need your help, so (　　　) your ideas (　　　　　).		

Hint!

Answer

❶ You better **keep away** from bad friends.
❷ Jane managed to **keep down** monthly expenses.
❸ I sometimes cannot **keep from** crying.
❹ Peter felt it was difficult to **keep up** with new technology.
❺ I don't need your help, so **keep** your ideas **to yourself**.

19 let

let 은
어떤 일이 일어나게끔 '놔두다', '인정해주다', '허용하다'의 의미가 있다.

down

실망시키다
낮추다

- **let me down**
  나를 실망시키다
- **let my parents down**
  내 부모님을 실망시키다

- I'll try not to **let** you **down**.
  당신을 실망시키지 않기 위해 노력할 게요.
- He really **let** me **down**.
  그는 정말로 나를 실망시켰다.

⇔ disappoint

He is afraid to **disappoint** his parents.
그는 부모님을 실망시킬까봐 두려워한다.

go

놓아주다
해고하다

- **let go of my hand**
  내 손을 놓아주다
- **let him go**
  그를 해고하다

- **Let** me **go**!
  나를 놓아주세요!
- He was **let go** after the project finished.
  그 프로젝트가 끝나고 그는 해고당했다.

⇔ fire

The company **fired** the manager who was sued for sexual harassment.
그 회사는 성희롱으로 고소당한 과장을 해고했다.

off

쏘다, 발사하다

- **let off a gun**
  총을 발사하다
- **let off gas**
  가스를 발사하다

- The police **let off** tear gas at the protesters.
  경찰은 시위자들에게 최루 가스를 발사했다.
- Some students **let off** firework at school.
  몇몇 학생이 학교에서 화약을 발사했다.

≒ **fire a gun**

She **fired** the gun at the trainer by mistake.
그녀는 실수로 교관에게 총을 발사했다.

out

내뱉다, 입 밖에 내다
나가게/벗어나게 하다
* '밖으로(out) 내보내다'라는
원형적인 의미를 지니고 있다.

- **let information out**
  정보를 발설하다
- **let the cat out**
  고양이를 나가게 하다

- She **let out** the secret.
  그 여자가 비밀을 누설했다.
- He was **let out** of the prison.
  그는 감옥에서 석방되었다.

≒ **reveal**

The researcher **revealed** the password to the lab.
그 연구원이 실험실의 비밀 번호를 누설했다.

up

중단하다
(비 등이) 그치다/잦아들다

- **let up the effort**
  노력을 중단하다
- **the rain lets up**
  비가 잦아들다

- The housing boom won't **let up**.
  주택 시장 붐은 줄어들지 않을 것이다.
- The storm **let up** a little.
  폭풍이 다소 누그러졌다.

≒ **diminish**

The singer's popularity **diminished** a lot after the scandal.
그 추문 후 그 가수의 인기는 많이 떨어졌다.

95

step ❶ 그의 부모님은 그의 거짓말에 실망했다.

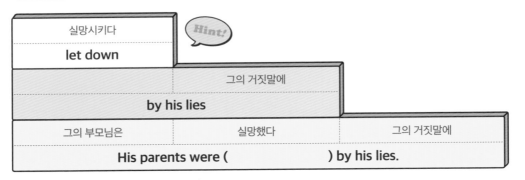

실망시키다		
let down		
	그의 거짓말에	
	by his lies	
그의 부모님은	실망했다	그의 거짓말에
His parents were (	) by his lies.	

Hint!

step ❷ 이제 슬픔과 고통을 떨쳐버릴 때가 되었다.

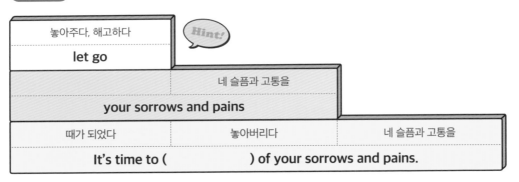

놓아주다, 해고하다		
let go		
	네 슬픔과 고통을	
	your sorrows and pains	
때가 되었다	놓아버리다	네 슬픔과 고통을
It's time to (	) of your sorrows and pains.	

Hint!

step ❸ 그들은 폭죽을 하늘로 쏘아 올리기 시작했다.

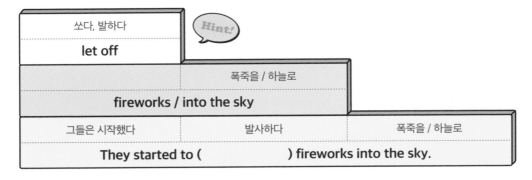

쏘다, 발하다		
let off		
	폭죽을 / 하늘로	
	fireworks / into the sky	
그들은 시작했다	발사하다	폭죽을 / 하늘로
They started to (	) fireworks into the sky.	

Hint!

step 4 그 사자는 엄청난 포효를 내질렀다.

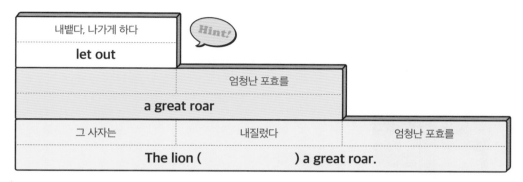

내뱉다, 나가게 하다		
let out		
	엄청난 포효를	
a great roar		
그 사자는	내질렀다	엄청난 포효를
The lion (　　　　) a great roar.		

step 5 동이 틀 무렵, 마침내 바람이 잦아들었다.

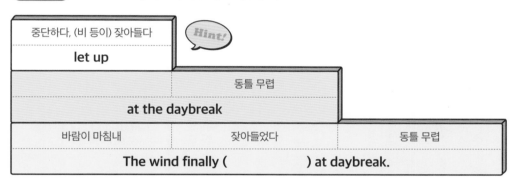

중단하다, (비 등이) 잦아들다		
let up		
	동틀 무렵	
at the daybreak		
바람이 마침내	잦아들었다	동틀 무렵
The wind finally (　　　　) at daybreak.		

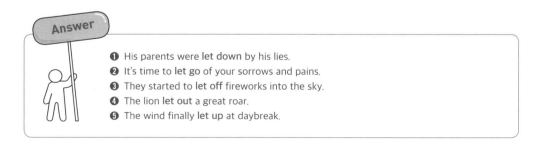

Answer

❶ His parents were **let down** by his lies.
❷ It's time to **let go** of your sorrows and pains.
❸ They started to **let off** fireworks into the sky.
❹ The lion **let out** a great roar.
❺ The wind finally **let up** at daybreak.

work

work 는
무언가를 이루기 위해 '몸이나 머리를 써서 매달려 노력하다'라는 의미가 있다.

off

(불필요한 감정이나 체중 등을) 없애다

- work off stress by jogging
  조깅으로 스트레스를 날리다
- work off some pounds
  몇 파운드를 빼다

- She worked off her depression by gardening.
  그녀는 정원 가꾸기로 우울증을 떨쳤다.
- You can work off some inches over the next month by exercising.
  한 달이면 운동으로 몇 인치를 뺄 수 있어요.

on

~에 영향을 끼치는 일을 하다
~에 착수하다

- work on the student to start painting
  학생이 그림을 시작하도록 하다
- work on the program
  그 프로그램 작업을 하다

- They are working on a campaign to promote breastfeeding.
  그들은 모유 수유 장려 캠페인을 하고 있는 중이다.

😊 exert effort to do

They exerted a lot of effort to make the deadline.
그들은 마감을 맞추기 위해 많이 노력했다.

out

해결하다, 풀다
이해하다, 연습하다
* 머리를 굴리거나 몸을 써서(work) 어떤 결과물을 내놓는(out) 것

- **work out the problem**
  문제를 풀다
- **work out well**
  잘 풀리다

- **They are investigating the case to work out the cause.**
  그들은 원인을 알아내기 위해 그 사건을 조사 중이다.
- **The new business is working out well for her.**
  그 여자의 새 일이 잘 풀리고 있다.

⊜ **solve**

How did you solve the problem?
그 문제를 어떻게 해결했어요?

up

(어떤 감정을) 불러일으키다
감정을 일으키게끔 사람을 북돋다

- **work up enthusiasm**
  열정을 불러일으키다
- **work up an appetite**
  식욕을 불러일으키다

- **I can't work up any romantic feelings for him.**
  그에게는 로맨틱한 감정을 불러일으키려 해도 안 돼.
- **Don't work yourself up into a frenzy.**
  흥분하지 마세요.

⊜ **bolster**

His friends bolstered the player's courage.
친구들이 그 선수의 용기를 북돋워 주었다.

over

(초고를) 개선시키다
흠씬 두들겨 패다

- **work over the rough draft**
  초고를 손보다
- **work him over**
  그를 흠씬 두들겨 패다

- **It took me long time to work over the manuscripts.**
  그 원고들을 손보는 데 오래 걸렸다.
- **The guards worked the boy over with a stun baton.**
  경비원들은 그 소년을 전기 충격봉으로 두들겨 팼다.

⊜ **fix up**

Joe fixed up the roof during the holiday.
조는 휴가 동안 지붕을 손봤다.

step 1 그녀는 심호흡을 통해 분노를 없애려고 했다.

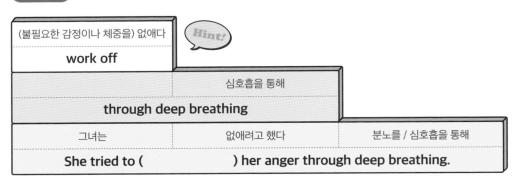

(불필요한 감정이나 체중을) 없애다	Hint!	
work off		
	심호흡을 통해	
through deep breathing		
그녀는	없애려고 했다	분노를 / 심호흡을 통해
She tried to (	**) her anger through deep breathing.**	

step 2 그 작가는 이 서재에서 많은 소설을 썼다.

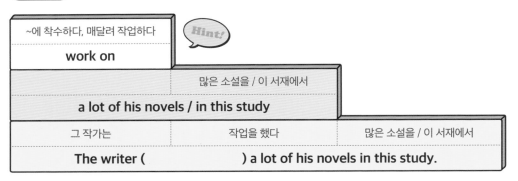

~에 착수하다, 매달려 작업하다	Hint!	
work on		
	많은 소설을 / 이 서재에서	
a lot of his novels / in this study		
그 작가는	작업을 했다	많은 소설을 / 이 서재에서
The writer (	**) a lot of his novels in this study.**	

step 3 그 아기는 5분 안에 답을 알아냈다.

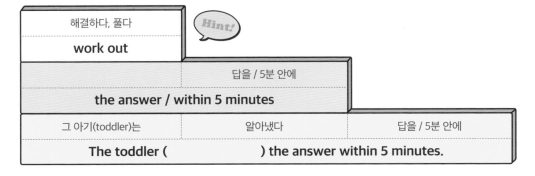

해결하다, 풀다	Hint!	
work out		
	답을 / 5분 안에	
the answer / within 5 minutes		
그 아기(toddler)는	알아냈다	답을 / 5분 안에
The toddler (	**) the answer within 5 minutes.**	

step ④ 그 소년은 용기를 내어 그의 강아지를 구했다.

(어떤 감정을) 불러일으키다, 감정을 북돋다	**Hint!**	
work up		
	용기를 / 자기 강아지를 구하기 위해	
	the courage / to rescue his puppy	
그 소년은	자아냈다	용기를 / 자기 강아지를 구하기 위해
The boy (	**) the courage to rescue his puppy.**	

step ⑤ 선생님은 내게 에세이의 결론 부분을 손보라고 말씀하셨다.

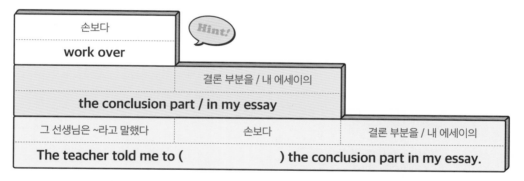

손보다	**Hint!**	
work over		
	결론 부분을 / 내 에세이의	
	the conclusion part / in my essay	
그 선생님은 ~라고 말했다	손보다	결론 부분을 / 내 에세이의
The teacher told me to (	**) the conclusion part in my essay.**	

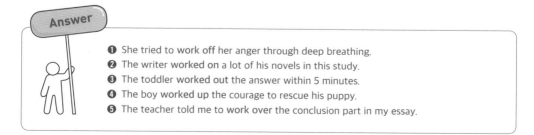

Answer

❶ She tried to work off her anger through deep breathing.
❷ The writer worked on a lot of his novels in this study.
❸ The toddler worked out the answer within 5 minutes.
❹ The boy worked up the courage to rescue his puppy.
❺ The teacher told me to work over the conclusion part in my essay.

'get out, work out, call up, let go, keep to' 중에 알맞은 말을 골라 박스를 채워 보세요.

Eric	Jeez. I cannot understand girls!
Jenny	What? Things are not ❶ _____ _____ well with that blonde?
Eric	We went out for dinner tonight and she just went mad and ❷ _____ _____ of the restaurant!
Jenny	Oh-no. What did you do?
Eric	Nothing! I just gave her a Christmas gift. Everything was good until....
Jenny	Until...?
Eric	I said we speak the same language! She suddenly blew her lid and said how many girls I say that line to···.
Jenny	There you go! You give the same lip service to every girl you see.
Eric	Oh, come to think of it, I'm afraid I said the line to her co-worker in her office.
Jenny	I knew that!
Eric	But when I told that to Meg, I meant our communication about business went very well. She knows the market very well and is prepared for every issue. I don't get what's going on here.

에릭	젠장. 난 여자들이 이해가 안 돼!
제니	왜? 그 금발머리랑 일이 ❶ 잘 안 풀려?
에릭	오늘 밤에 저녁 먹으러 갔는데 막 화를 내더니 식당에서 ❷ 나가 버렸어!
제니	이런. 무슨 짓을 했는데?
에릭	아무 짓도 안 했어! 크리스마스 선물을 줬을 뿐이야. 모든 게 잘 돌아갔지. 그러다···.
제니	그러다···?
에릭	내가 우리 말이 잘 통한다고 했거든. 그랬더니 앨리가 갑자기 버럭 화를 내면서 그 대사를 몇 명한테 했냐고 그러더라고.
제니	거 봐! 똑같은 입에 발린 말을 만나는 여자들 전부한테 써먹으니까 그렇지.
에릭	아! 생각해보니 그 말을 같은 회사의 앨리 동료한테 한 것 같아!
제니	그럴 줄 알았어!
에릭	하지만 내가 그 말을 메그한테 했을 땐 비즈니스적으로 의사소통이 잘된다는 뜻이었어. 메그는 시장을 아주 잘 아는 데다 모든 문제에 준비가 되어 있거든. 젠장. 대체 일이 어떻게 돌아가는 건지 모르겠어.

어휘 blonde 금발의 여자 blow one's lid 노발대발하다 co-worker 동료

정답 ❶ working out ❷ got out

'get out, work out, call up, let go, keep to' 중에 알맞은 말을 골라 박스를 채워 보세요.

Marge	Ally, you should at least give him a chance to explain and also explain yourself.
Ally	But I don't want to ❶_____ him _____ and say I'm sorry first.
Marge	Then, you put your pride over him. Go tell him how much you felt torn apart between your friend and him. Go tell him how you felt when you heard that line from Meg and then him. He will understand.
Ally	Yeah, he will, but Meg never will.
Marge	If Meg can't ❷_____ it _____, it's her problem, not yours.
Ally	I see. I'll talk to Eric. Marge, can you ❸_____ all of this ____ yourself?

마지	앨리, 그래도 그 사람한테 해명할 기회는 줘야지. 너도 해명해야 하고.
앨리	하지만 ❶ 전화해서 먼저 미안하다고 하고 싶지 않아요.
마지	그렇다면 너는 그 사람보다 네 자존심이 더 중요하다는 거네. 가서 그 사람한테 말해. 친구와 그 사람 사이에서 얼마나 마음이 찢어지는지, 그 말을 메그한테 그리고 그 사람한테 들었을 때 기분이 어땠는지. 그 사람도 이해할 거야.
앨리	네, 그 사람은 이해하겠죠. 하지만 메그는 절대 못할 거예요.
마지	메그가 ❷ 풀지 못하면 그건 메그의 잘못이지 네 잘못은 아니야.
앨리	알았어요. 에릭한테 얘기할게요. 마지, 이 일은 모두 ❸ 비밀로 해줄래요?

어휘 **explain** 설명하다, 확실히 하다 **order** 주문하다 **present** 선물 **text** 문자 메시지를 보내다

정답 ❶ call up ❷ let go ❸ keep to

103

knock

cut

do

pull

fall

GROUP 05

do

do 는
기본적으로 '놓다', '두다', '하다', '만들다'의 의미를 가지고 있다. 상당히 많은 행위를 나타낼 때 쓰이며 의미가 다양하다.

away with

없애다, 폐지하다

- do away with bad customs
  나쁜 관습을 없애다
- do away with daylight savings time
  서머타임제를 없애다

- Computers have enabled us to do away with a lot of paperwork.
  컴퓨터는 많은 서류 작업을 없애도록 해주었다.

⊜ **get rid of**

You need to get rid of malware when your computer has slowed down.
컴퓨터가 느려졌으면 악성코드를 제거해야 한다.

up

손질하다
옷이나 신발을 (올려서) 조이다, 매다

- do up one's hair
  머리를 손질하다

- Why don't you do up your coat?
  코트를 좀 여미지 그래?
- You need to do up your makeup.
  너 화장 좀 고쳐야겠다.

⊜ **touch up**

The playwright touched up the play.
그 극작가는 그 희곡을 손봤다.

without

~없이 지내다

- **do without TV**
  텔레비전 없이 지내다
- **do without credit cards**
  신용카드 없이 지내다

- **We can do without your help.**
  우리는 당신 도움 없이 지낼 수 있어요.

⇔ **dispense with**

Despite the increasing number of electronic documents, people do not want to **dispense with** paper ones.
전자문서가 증가함에도 불구하고 사람들은 여전히 종이문서 없이 지내기를 원치 않는다.

done with

~가 끝난

- **be done with homework**
  숙제를 끝내다
- **be done with the files**
  파일 작업을 끝내다

- **Mom, I'm done with dinner.**
  엄마, 저녁 다 먹었어요.

⇔ **be finished with**

Tom **was finished with** his training.
톰은 훈련을 끝냈다.

숙어 표현

get ~done

~를 끝내다

- **get things done**
  일을 끝내다
- **get the printing done**
  그 인쇄를 끝내다

- **Please get the speech done by 2:30.**
  2시 30분까지 연설을 끝내주세요.

⇔ **finish**

The talk show host tried to **finish** the unexpected quarrel.
그 토크쇼 진행자는 예기치 않았던 언쟁을 끝내려 했다.

step 1 그 도시는 전철의 머리 위 선반을 철거했다.

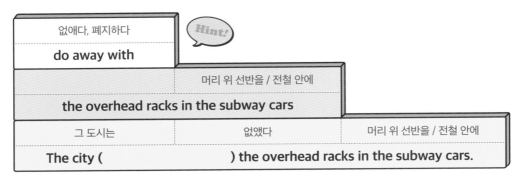

없애다, 폐지하다	Hint!	
do away with		
	머리 위 선반을 / 전철 안에	
the overhead racks in the subway cars		
그 도시는	없앴다	머리 위 선반을 / 전철 안에
The city ( ) the overhead racks in the subway cars.		

step 2 록다운 되기 전에 입던 바지를 잠글 수가 없다.

손질하다, 마무리하다, 조이다, 매다	Hint!	
do up		
	그 바지를 / 록다운 되기 전에 입던	
the pants / I used to wear before the lockdown		
나는	잠글 수가 없다	그 바지를 / 록다운 되기 전에 입던
I can't ( ) the pants I used to wear before the lockdown.		

step 3 우리는 인터넷 없이는 지낼 수 없다.

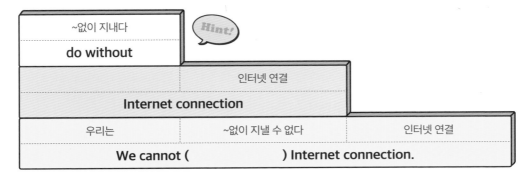

~없이 지내다	Hint!	
do without		
	인터넷 연결	
Internet connection		
우리는	~없이 지낼 수 없다	인터넷 연결
We cannot ( ) Internet connection.		

do 구동사를 사용하여 문맥에 맞게 박스를 채워 보세요.(do-did-done)

step 4 피해자인 척하는 거 끝났니?

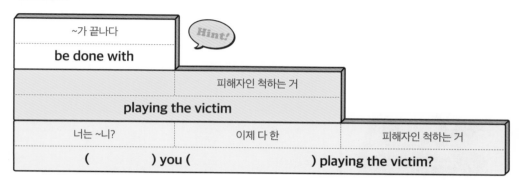

~가 끝나다	Hint!
be done with	

	피해자인 척하는 거
playing the victim	

너는 ~니?	이제 다 한	피해자인 척하는 거
( ) you ( ) playing the victim?		

step 5 어떤 일을 끝내고 싶다면 언제 할 것인지 결정해.

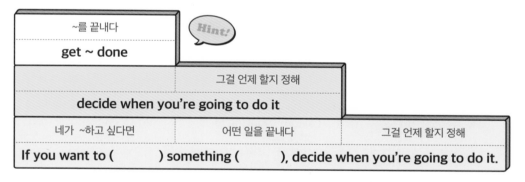

~를 끝내다	Hint!
get ~ done	

	그걸 언제 할지 정해
decide when you're going to do it	

네가 ~하고 싶다면	어떤 일을 끝내다	그걸 언제 할지 정해
If you want to ( ) something ( ), decide when you're going to do it.		

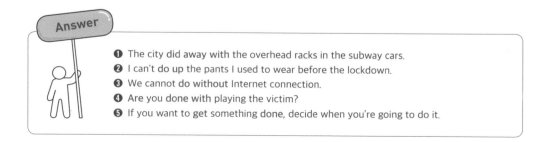

Answer

❶ The city did away with the overhead racks in the subway cars.
❷ I can't do up the pants I used to wear before the lockdown.
❸ We cannot do without Internet connection.
❹ Are you done with playing the victim?
❺ If you want to get something done, decide when you're going to do it.

knock

knock 은
'사람이나 사물을 (뜻하지 않게)
치거나 밀다'의 뜻을 가진다.

around

(그냥) 돌아다니다, 배회하다
학대하다, 마구 때리다

- knock around Europe for a few months
  몇 달 동안 유럽을 돌아다니다
- knock him around with hooks and uppercuts
  훅과 어퍼컷으로 그를 때려주다

- He knocked around California looking for a better job.
  그는 더 나은 일자리를 찾아 캘리포니아를 돌아다녔다.
- The gangsters knocked him around and left him unconscious on the street.
  그 깡패들은 그를 때려서 거리에 의식이 없는 채로 두고 떠났다.

🔄 **wander around**

A lot of teenagers just wander around the streets without any dreams.
많은 십대들이 꿈도 없이 거리를 헤맬 뿐이다.

down

(차가) 사람을 치다
허물다

- knocked down by a truck
  트럭에 치인
- knock down the old house
  낡은 집을 허물다

- A deer was knocked down on the local road.
  그 지방도로에서 사슴 한 마리가 차에 치였다.
- They knocked down the wall between the bedrooms.
  그들은 침실 사이의 벽을 허물었다.

🔄 **tear down**

The city decided to tear down the old apartment building.
시 당국은 그 오래된 아파트 건물을 허물기로 결정했다.

off

깎다
물리치다

- **knock off** 5 dollars per unit
  대당 5달러씩 깎다
- **knock off** a rival
  라이벌을 물리치다

- Can you **knock off** a little?
  조금 깎아 주시겠어요?
- He **knocked off** all the hackers who were trying to attack the server.
  그는 서버를 공격하려고 하는 해커들을 전부 물리쳤다.

⊜ **come down**

Could you **come down** a little?
조금 깎아 주시겠어요?

out

녹아웃(K.O.)시키다
피곤하게 하다

- **knocked out** by a young man
  젊은이에게 맞아 녹아웃 된
- **knocked out** by the game
  게임하다가 완전히 지친

- The champion was unexpectedly **knocked out** in the first round.
  챔피언은 예기치 않게 1회전에서 KO 당했다.
- I'm totally **knocked out** by this endless coding work.
  나는 이 끝도 없는 코딩 작업 때문에 정말 녹초가 됐어.

⊜ **wear out**

The endless lecture totally **wore** me **out**.
그 끝도 없는 강연 때문에 정말 지쳤다.

over

훔치다, 강도질을 하다

- **knock over** computers
  컴퓨터를 훔치다
- **knock over** a bank
  은행을 털다

- Terrorist groups are **knocking over** banks to get money.
  테러 집단이 돈을 얻기 위해 은행 강도짓을 하고 있다.
- Every week someone tries to **knock over** the shop.
  매주 누군가가 그 상점을 털려고 한다.

⊜ **steal**

Someone **stole** my new bike.
누군가가 내 새 자전거를 훔쳐갔다.

step 1 과거에, 부유한 젊은 남성들은 그랜드 투어 기간 동안 주로 유럽을 전전하곤 했다.

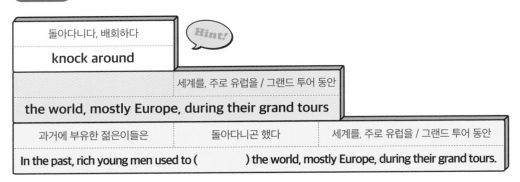

돌아다니다, 배회하다	Hint!
knock around	

	세계를, 주로 유럽을 / 그랜드 투어 동안
the world, mostly Europe, during their grand tours	

과거에 부유한 젊은이들은	돌아다니곤 했다	세계를, 주로 유럽을 / 그랜드 투어 동안
In the past, rich young men used to (　　　) the world, mostly Europe, during their grand tours.		

step 2 에릭은 재미로 잠자는 소를 넘어트렸다.

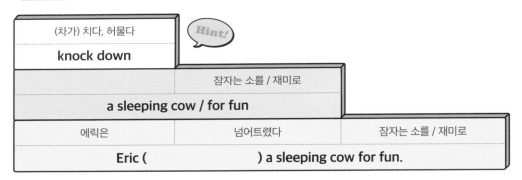

(차가) 치다, 허물다	Hint!
knock down	

	잠자는 소를 / 재미로
a sleeping cow / for fun	

에릭은	넘어트렸다	잠자는 소를 / 재미로
Eric (　　　　) a sleeping cow for fun.		

step 3 그 스위스 수영 선수는 평영에서 세계 기록을 3초 앞당겼다.

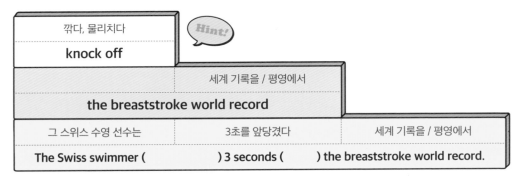

깎다, 물리치다	Hint!
knock off	

	세계 기록을 / 평영에서
the breaststroke world record	

그 스위스 수영 선수는	3초를 앞당겼다	세계 기록을 / 평영에서
The Swiss swimmer (　　　) 3 seconds (　　　) the breaststroke world record.		

step ④ 연속 세 잔에 그는 완전히 녹아웃 됐다.

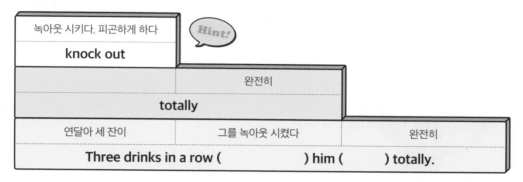

녹아웃 시키다, 피곤하게 하다		
knock out *Hint!*		
	완전히	
	totally	
연달아 세 잔이	그를 녹아웃 시켰다	완전히
Three drinks in a row (	**) him (**	**) totally.**

step ⑤ 마스크를 쓴 두 남자가 그 편의점을 털었다.

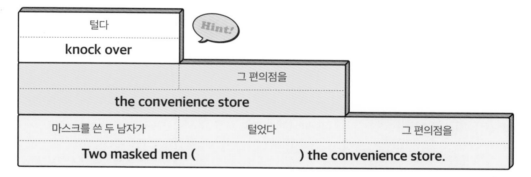

털다		
knock over *Hint!*		
	그 편의점을	
	the convenience store	
마스크를 쓴 두 남자가	털었다	그 편의점을
Two masked men (	**) the convenience store.**	

Answer

❶ In the past, rich young men used to knock around the world, mostly Europe, during their grand tours.
❷ Eric knocked down a sleeping cow for fun.
❸ The Swiss swimmer knocked 3 seconds off the breaststroke world record.
❹ Three drinks in a row knocked him out totally.
❺ Two masked men knocked over the convenience store.

23 fall

fall 은
어떤 힘이나 중력에 의해 뜻하지
않게 '위에서 아래로 떨어지다'라는
의미다.

apart

결렬되다, (관계 등이) 끝나다
물건이 못쓰게 되다

- a deal falls apart
  거래가 결렬되다
- a marriage falls apart
  결혼생활이 끝나다

- After all is said and done,
  it will fall apart.
  이러니저러니 해도 그건 결국 무산될
  거야.

🔄 be over

My relationship with Jack
was virtually over after
the party.
그 파티 이후 나와 잭의 관계는 실질적
으로 끝났다.

back on

의지하다

- fall back on your pension
  네 연금에 의존하다
- fall back on close friends
  친한 친구에 의지하다

- He had to fall back on his
  savings.
  그는 저축에 의존해야 했다.
- Don't fall back on your
  credit cards.
  신용카드에 의존하지 마세요.

🔄 rely on

Don't rely on others too
much.
다른 이들에게 너무 의존하지 마라.

behind

늘어지다
뒤지다

- **fall behind on one's utility bills**
  공과금을 체납하다
- **fall behind me**
  내 뒤에 처지다

- **Airbus fell behind Boeing.**
  에어버스사는 보잉사에 뒤처졌다.
- **She fell behind with her studies.**
  그녀는 학업에서 뒤처졌다.

⇔ lag behind

The player started to lag behind in the middle of the race.
그 선수는 경주 중반부터 뒤처지기 시작했다.

out

싸우고 멀어지다
(이빨 등이) 빠지다

- **fall out with his parents**
  그의 부모님과 싸우고 멀어지다
- **a tooth falls out**
  치아 하나가 빠지다

- **She has fallen out with her boyfriend and is not speaking to him.**
  그녀는 남자친구와 싸우고 이제는 말을 하지 않는다.
- **My son's baby teeth are starting to fall out.**
  우리 아이가 유치를 갈기 시작했어요.

⇔ argue

He tried to argue with everyone.
그는 모든 이들과 논쟁을 하려고 했다.

through

실패하다, 수포로 돌아가다

- **the deal falls through**
  거래가 실패하다
- **my plans fell through**
  내 계획이 수포로 돌아갔다

- **The project fell through at the last minute.**
  마지막 순간에 그 프로젝트는 수포로 돌아갔다.
- **My plans to go abroad fell through.**
  해외로 가려는 내 계획은 수포로 돌아갔다.

⇔ fail

Their reform failed due to their lack of preparation.
그들의 개혁은 준비 부족으로 실패했다.

step ➊ 그 셀럽들의 결혼은 전광석화 같은 속도로 끝났다.

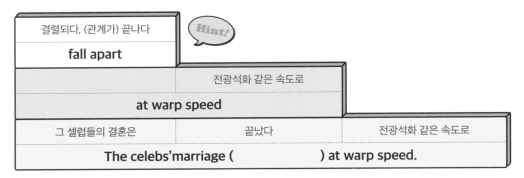

결렬되다, (관계가) 끝나다	Hint!
fall apart	

	전광석화 같은 속도로	
	at warp speed	

그 셀럽들의 결혼은	끝났다	전광석화 같은 속도로
The celebs'marriage (	**)**	**at warp speed.**

step ➋ 우리는 대중의 지지에 의지해야 했다.

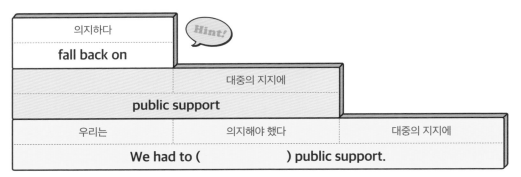

의지하다	Hint!
fall back on	

	대중의 지지에	
	public support	

우리는	의지해야 했다	대중의 지지에
We had to (	**)**	**public support.**

step ➌ 아니타는 그녀의 반에서 뒤쳐지고 싶지 않았다.

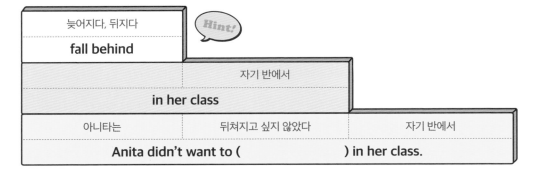

늦어지다, 뒤지다	Hint!
fall behind	

	자기 반에서	
	in her class	

아니타는	뒤처지고 싶지 않았다	자기 반에서
Anita didn't want to (	**)**	**in her class.**

step 4 열여덟 살에 니나는 가족들과 사이가 나빠 집을 떠났다.

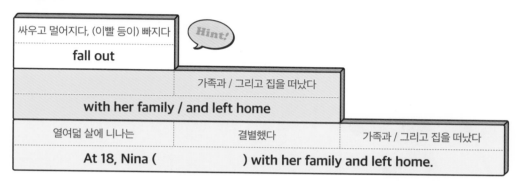

싸우고 멀어지다, (이빨 등이) 빠지다	*Hint!*	
fall out		
	가족과 / 그리고 집을 떠났다	
with her family / and left home		
열여덟 살에 니나는	결별했다	가족과 / 그리고 집을 떠났다
At 18, Nina ( ) with her family and left home.		

step 5 2021년 주택 매매의 약 25%가 무산되었다.

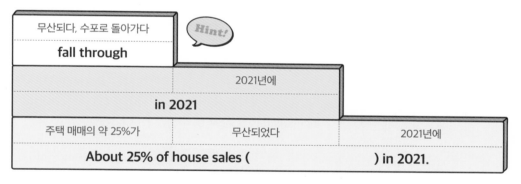

무산되다, 수포로 돌아가다	*Hint!*	
fall through		
	2021년에	
in 2021		
주택 매매의 약 25%가	무산되었다	2021년에
About 25% of house sales ( ) in 2021.		

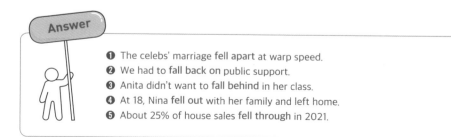

Answer

❶ The celebs' marriage fell apart at warp speed.
❷ We had to fall back on public support.
❸ Anita didn't want to fall behind in her class.
❹ At 18, Nina fell out with her family and left home.
❺ About 25% of house sales fell through in 2021.

cut

cut 은
'베다', '자르다', '끊다', '중단하다',
'줄이다', '편집하다', '교차하다',
'잘라내다' 등의 의미를 갖는다.

back on

가지치기 하다
줄이다/감축하다

• 나무를 '잘라서' 일정한 크기로
'되돌려 놓는' 것이므로 '가지를 치다',
무엇인가를 '잘라서' 혹은 '줄여서'
원래의 상태로 '되돌려 놓는' 것이므로
'줄이다', '감축하다'의 뜻을 갖는다.

• cut back on spending
  지출을 줄이다
• cut back on drinking
  음주를 줄이다

• The company cut back on
  its marketing budget by
  20%.
  그 회사는 마케팅 예산을 20% 줄
  였다.
• The committee agreed to
  cut back on greenhouse
  gases.
  그 위원회는 온실 가스를 줄이는 데
  동의했다.

down(on)

줄이다(on)
베어 넘어뜨리다

• cut down on stress
  스트레스를 줄이다
• cut down on coffee
  커피를 줄이다

• He is going to cut down
  on smoking.
  그는 흡연을 줄이려고 한다.
• They are cutting down
  the trees to get a better
  view.
  그들은 더 좋은 전망을 위해 나무를
  베어내고 있다.

in

끼어들다, 간섭하다
새치기하다

* 대화 중 말을 자르고(cut) 들어오면
(in) '끼어들다', 줄을 서 있는데
자르고(cut) 들어오면(in) '새치기하다',
달리는 차도에서 중간에
그 흐름을 자르고(cut) 들어오면(in)
'끼어들다'의 뜻이 된다.

- cut in on our conversation
우리 대화에 끼어들다
- cut in line
새치기하다

- The sedan cut in in front
of the express bus.
그 세단이 고속버스 앞에 끼어들
었다.
- An elderly lady suddenly
cut in line in front of me.
할머니 한 분이 내 앞에서 새치기를
했다.

⊜ interrupt

He interrupted our
conversation.
그가 우리 대화에 끼어들었다.

off

(선 혹은 연결 등을) 끊다
분리시키다

* 잘라서(cut) 분리된(off) 상태로
만드는 것이므로, '베어서 분리시키다,
연결 등을 끊어놓다, 사람과의 접촉
등을 끊다'의 뜻이 된다.

- the gas is cut off
가스가 끊기다
- the call is cut off
전화가 끊기다

- The power was cut off
this morning.
오늘 아침 전기가 끊겼다.
- My phone call was cut
off while it was being
transferred.
내 전화가 다른 이에게 돌려지는 동
안 끊겼다.

⊜ disconnect

My Internet was
disconnected for a couple
of weeks.
내 인터넷이 2주 동안 끊겼었다.

out

제거하다
섭취를 줄이다

* 잘라서(cut) 밖으로 내보냈으니까
(out) '제거하다', 먹는 것을 줄여서(cut)
안에 들어오지 못하게 밖에 두었으니까
(out) 먹지 않고 '섭취를 줄인다',
흐름을 잘라(cut) 상대를 흐름 밖으로
내보냈으니까(out) 경쟁 등에서
'앞서다'의 뜻이 된다.

- cut out all the fighting
싸우지 마
- cut sweets out
단 것을 줄이다

- The car's engine cut out.
그 차의 엔진이 멈췄다.
- She was told to cut out
fatty foods.
그 여자는 기름진 음식을 줄이라는
말을 들었다.

⊜ remove

He was told to remove
sugar from his diet.
그는 식단에서 당을 빼라는 말을 들
었다.

step ❶ 그 회사는 연구 개발 예산을 줄이기로 결정했다.

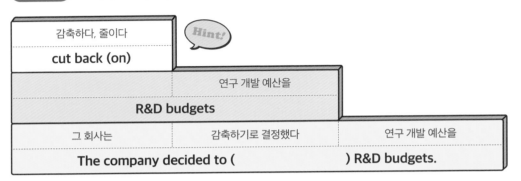

감축하다, 줄이다	Hint!	
cut back (on)		
	연구 개발 예산을	
	R&D budgets	
그 회사는	감축하기로 결정했다	연구 개발 예산을
The company decided to (		**) R&D budgets.**

step ❷ 나는 매일 칼륨 섭취를 줄이라는 말을 들었다.

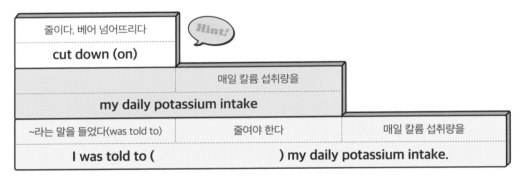

줄이다, 베어 넘어뜨리다	Hint!	
cut down (on)		
	매일 칼륨 섭취량을	
	my daily potassium intake	
~라는 말을 들었다(was told to)	줄여야 한다	매일 칼륨 섭취량을
I was told to (		**) my daily potassium intake.**

step ❸ 한 신사가 우리 대화에 끼어들었다.

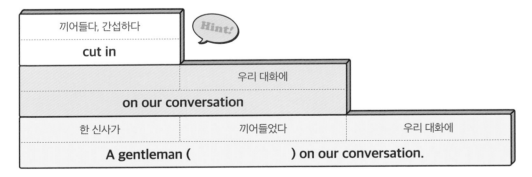

끼어들다, 간섭하다	Hint!	
cut in		
	우리 대화에	
	on our conversation	
한 신사가	끼어들었다	우리 대화에
A gentleman (		**) on our conversation.**

step 4 어젯밤 폭풍으로 전기가 끊겼다.

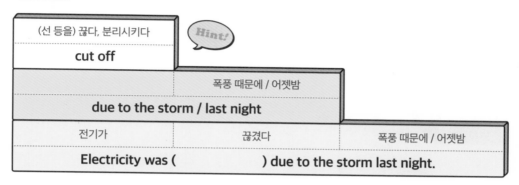

(선 등을) 끊다, 분리시키다	Hint!
cut off	

	폭풍 때문에 / 어젯밤
due to the storm / last night	

전기가	끊겼다	폭풍 때문에 / 어젯밤
Electricity was (　　　　　) due to the storm last night.		

step 5 그 유튜버는 한 달 동안 탄수화물을 끊었다.

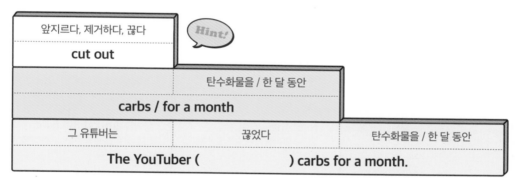

앞지르다, 제거하다, 끊다	Hint!
cut out	

	탄수화물을 / 한 달 동안
carbs / for a month	

그 유튜버는	끊었다	탄수화물을 / 한 달 동안
The YouTuber (　　　　　) carbs for a month.		

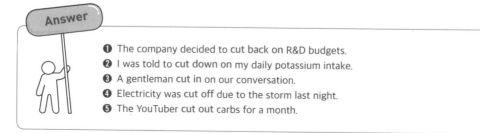

Answer

❶ The company decided to cut back on R&D budgets.
❷ I was told to cut down on my daily potassium intake.
❸ A gentleman cut in on our conversation.
❹ Electricity was cut off due to the storm last night.
❺ The YouTuber cut out carbs for a month.

121

pull

pull 은
사람이나 사물을 잡거나 끌어서 앞으로 가져오기 위해 힘을 가하는 것을 의미한다.

apart

떼어놓다, 갈라놓다
분해하다
세세히 검토하다
혹평하다

- **pull apart** the figures
  그 수치를 자세히 검토하다
- **pull apart** the hooligans
  훌리건들을 떼어놓다

- The referee tried to **pull apart** the wrestlers.
  심판이 두 레슬링 선수를 떼어놓으려고 했다.

⊜ **criticize**

They **criticized** the report for failing to offer any practical solutions.
그들은 그 보고서가 실제적인 해결책을 제시하지 못한다고 비판했다.

down

허물다
낙담시키다

- **pull down** the old building
  낡은 건물을 헐다
- **pull me down**
  나를 낙담시키다

- The city **pulled down** the walls around the park.
  시 당국은 그 공원 주변의 담을 헐었다.
- The news of his death **pulled her down**.
  그의 사망 소식에 그녀는 낙담했다.

⊜ **tear down**

They **tore down** Lenin's statue.
그들은 레닌의 동상을 철거했다.

in(to)

(차량 등이) 안으로 들어오다
끌어들이다

* pull은 기차나 자동차의
움직임을 나타낼 때 주로 쓰인다.
우리말의 차를 '끌어다 대다',
'끌고다닌다'라고 할 때의 '끌다'와
연관시키면 쉽게 이해할 수 있다.

- **a train pulls in**
  기차가 (역) 안으로 들어오다
- **pull in money**
  돈을 끌어들이다(유치하다)

- **The car pulled into a gas station.**
  그 차는 주유소로 들어갔다.
- **The site pulled in more than half a million visitors in a week.**
  그 사이트는 일주일 만에 50만 명 이상의 방문자를 끌어들였다.

⇔ roll in(to)

A Mercedes Benz rolled into the school.
벤츠 한 대가 학교로 들어왔다.

out

(차량 등이) 나가다
손 떼다

- **a car pulls out of a garage**
  차가 차고 밖으로 나가다
- **pull out from the construction project**
  건축 프로젝트에서 빠지다(손 떼다)

- **A van pulled out of the traffic and made a right turn into an alley.**
  밴 한 대가 차량 흐름에서 벗어나 우회전을 하여 작은 골목으로 들어갔다.

⇔ move out (of)

The cement mixer moved out of the construction site.
그 레미콘이 건축 현장에서 나갔다.

over

차를 길가에 세우다

- **the car pulls over by the road side**
  길가에 차가 멈추다
- **pull over your car**
  네 차를 길가에 대다

- **The convertible pulled over and the driver got out.**
  그 오픈카가 길가에 멈추더니 운전사가 내렸다.
- **Pull it over.**
  차를 세워라.

⇔ stop

The car stopped and two men in black got out.
그 차가 멈추더니 검은 옷을 입은 남자 두 명이 내렸다.

123

step 1 그 자동차 수리공은 엔진을 분해했다.

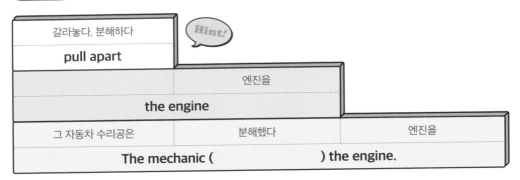

갈라놓다, 분해하다	Hint!
pull apart	

	엔진을	
	the engine	

그 자동차 수리공은	분해했다	엔진을
The mechanic (	**)**	**the engine.**

step 2 짓는 것보다 허무는 것이 더 쉽다.

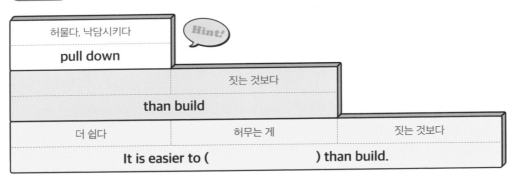

허물다, 낙담시키다	Hint!
pull down	

	짓는 것보다	
	than build	

더 쉽다	허무는 게	짓는 것보다
It is easier to (	**)**	**than build.**

step 3 그 정당은 젊은 유권자들을 더 끌어들일 필요가 있다.

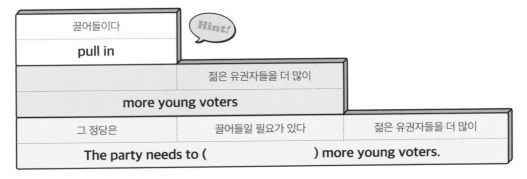

끌어들이다	Hint!
pull in	

	젊은 유권자들을 더 많이	
	more young voters	

그 정당은	끌어들일 필요가 있다	젊은 유권자들을 더 많이
The party needs to (	**)**	**more young voters.**

step ④ 로빈은 토너먼트에서 빠져야 했다.

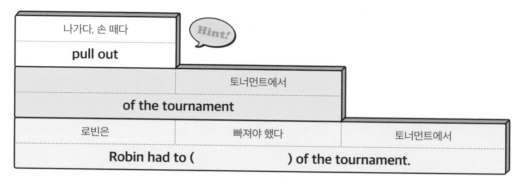

나가다, 손 떼다
pull out
Hint!

토너먼트에서
of the tournament

로빈은	빠져야 했다	토너먼트에서

Robin had to (　　　　　) of the tournament.

step ⑤ 우리는 택시기사에게 차를 세우라는 신호를 보냈다.

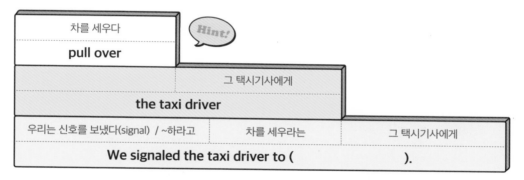

차를 세우다
pull over
Hint!

그 택시기사에게
the taxi driver

우리는 신호를 보냈다(signal) / ~하라고	차를 세우라는	그 택시기사에게

We signaled the taxi driver to (　　　　　).

Answer

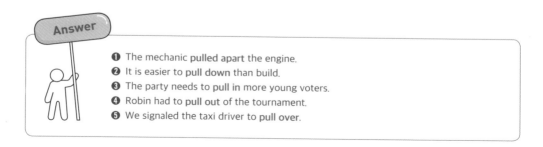

❶ The mechanic **pulled apart** the engine.
❷ It is easier to **pull down** than build.
❸ The party needs to **pull in** more young voters.
❹ Robin had to **pull out** of the tournament.
❺ We signaled the taxi driver to **pull over**.

대화 채우기 Box ❶ 너무해, 메그

'fall apart, pull down, be done with, knock down, cut off' 중에 알맞은 말을 골라 박스를 채워 보세요.

Marge	Ally, there's one thing you should know about. I know Meg is not talking to you anymore, but I think she is going too far.
Ally	Tell me, Marge.
Marge	Meg is going around, saying you took away her man and is passing herself off as some sort of victim.
Ally	What? How can she do that? It was difficult enough to see our friendship ❶_____ _____ and now what?
Marge	I thought you two could get along again with time. Now I think she just doesn't deserve you.
Ally	That's why Gina and Angela stopped talking when I walked into the lounge. Marge, it really hurts that Meg is ❷_____ me _____ like this.
Marge	Whatever they talk behind your back, don't care. It'll go away, and if they know what kind of person you are, they can't just simply believe what they hear. People don't have much interest in others' gossip. They will forget all about it in a few weeks' time. Just concentrate on your work. Your work speaks for itself.

마지 　앨리, 네가 알아야 할 게 있어. 네가 메그랑 말을 안 한다는 건 알고 있는데, 내 생각엔 좀 지나친 것 같아.
앨리 　말해 봐요, 마지.
마지 　메그가 돌아다니면서 네가 자기 남자를 뺏어갔다면서 자기가 희생자라도 된 것처럼 굴고 있어.
앨리 　뭐라고요? 어떻게 그럴 수가 있죠? 우리 우정이 ❶깨지는 걸 보는 것도 충분히 힘들었는데 이번엔 또 뭐라고요?
마지 　시간이 지나면 너희 둘이 다시 잘 지낼 수 있을 줄 알았는데 말이야. 내 생각은 메그가 너보다 격이 떨어지는 사람이라는 거야.
앨리 　그래서 내가 휴게실에 들어가니까 지나와 안젤라가 하던 말을 멈춘 거였군요. 마지, 메그가 저를 이렇게 ❷낙담시키는 게 정말 마음 아파요.
마지 　사람들이 등 뒤에서 뭐라고 얘기해도 신경 쓰지 마. 그러다 잦아들게 돼 있고, 네가 어떤 사람인지 안다면 사람들도 들은 말을 그대로 믿지는 않을 거야. 사람들은 다른 사람들 얘기에 별 관심이 없거든. 그냥 네 일에 집중해. 일이 다 대변해 줄 거야.

어휘 far 무척, 너무 **pass oneself off** ~인 체하다 victim 희생자, 피해자 **get along with** ~와 잘 지내다 deserve ~에 상당하다, ~할 만하다 lounge 휴게실, 거실 gossip 잡담, 험담 **not care** 전혀 개의치 않다

정답 ❶ fall apart ❷ pulling down

126

'fall apart, pull down, be done with, knock down, cut off' 중에 알맞은 말을 골라 박스를 채워 보세요.

Eric	Ally, my company just ❶_____ _____ business from yours. I didn't want it, but Meg brought up her personal feelings too much in business, and I am totally ❷_____ _____ by her nonsense. Now I am ❸_____ _____ her officially as well as personally.
Ally	Oh, your company is too big an account to lose. Meg's career will suffer, then.
Eric	Well, she asked for it.

에릭   앨리, 우리 회사가 당신 회사랑 거래를 막 ❶ 끊었어. 그러고 싶지 않았는데, 메그가 자꾸 비즈니스에 사적인 감정을 들고 나와서 말이야. 그 여자의 말도 안 되는 소리에 완전히 ❷ 진이 다 빠졌어. 사적으로든 공적으로든 이제 그 여자와는 ❸ 끝이야.

앨리   어머, 당신 회사가 큰 고객이라 놓치면 안 되는데. 그럼 메그의 경력에 타격이 있을 거야.

에릭   뭐, 그 여자가 자초한 거니까.

어휘   **totally** 전적으로 **officially** 공무상, 공적으로 **career** 경력, 이력 **suffer** 경험하다, 견디다

정답   ❶ cut off ❷ knocked out ❸ done with

put❷

pay

carry

give

pass

GROUP 06

pay

pay 는
누군가에게 상품이나 서비스에 대해 '대가를 지불하다'라는 의미다. 의미가 발전해서 누군가 한 짓에 대해 '대가를 치르다'라는 뜻으로도 쓰인다.

back

돈을 갚다
되갚다

- **pay 10 dollars back**
  10달러를 갚다
- **pay her back**
  그녀에게 (돈을) 갚다 / 그녀에게 되갚아 주다

- **They should pay back the favor.**
  그들은 은혜를 갚아야 한다.
- **It's payback time.**
  이제 복수할 시간이다.

⊜ repay

I had to **repay** my student loans for 5 years after I graduated from college.
나는 대학 졸업 후 5년 동안 학자금 대출을 갚아야 했다.

for

(값을) 지불하다
대가를 치르다

- **pay for overtime work**
  초과 근무에 대해 임금을 지불하다
- **pay for your mistake**
  실수에 대한 대가를 치르다

- **He paid for the meal.**
  그가 식사비를 냈다.
- **You'll pay for this.**
  너는 이 일에 대한 대가를 치르게 될 거야.(=두고보자!)

pay 동사의 주요 쓰임을 살펴보세요.

off ❶

(빚을) 청산하다

- **pay off all the debt**
  모든 빚을 청산하다
- **pay off your credit card balance**
  신용카드 잔액을 납부하다

- **They should be able to pay off the debt within 3 years.**
  그들은 3년 이내에 빚을 청산하게 될 것이다.
- **Don't rush to pay off the mortgage.**
  서둘러서 주택 융자를 다 갚지 마라.

off ❷

수지가 맞다
남는 게 있다

- **her efforts paid off**
  그녀의 노력은 성과가 있었다
- **affection always pays off**
  애정은 늘 돌아오는 게 있다

- **Their investment paid off.**
  그들의 투자는 수지타산이 맞았다.
- **I hope all this hard work pays off.**
  이 힘든 노력이 돌아오는 게 있었으면 좋겠어.

⊜ succeed

His marketing strategy succeeded and attracted a lot of customers.
그의 마케팅 전략은 성공해서 많은 소비자들을 끌어들였다.

up

(어쩔 수 없이) 돈을 다 갚다

- **pay up the check**
  영수증에 적힌 전액을 지불하다
- **pay up the tuition**
  수업료를 완납하다

- **You have 30 days to pay up the bill.**
  30일 동안 대금을 완납해 주십시오.
- **You are required to pay up the tax.**
  세금을 완납해야 한다.

131

step ① 대출금은 2년에 걸쳐 갚으면 된다.

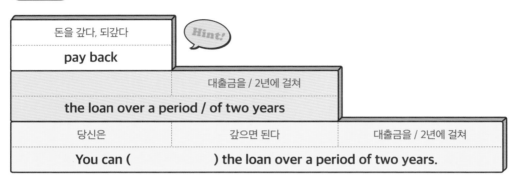

돈을 갚다, 되갚다
pay back

Hint!

	대출금을 / 2년에 걸쳐
the loan over a period / of two years	

당신은	갚으면 된다	대출금을 / 2년에 걸쳐
You can (	**) the loan over a period of two years.**	

step ② 한 달에 임대료를 얼마나 지불해?

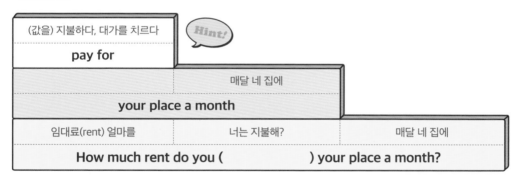

(값을) 지불하다, 대가를 치르다
pay for

Hint!

	매달 네 집에
your place a month	

임대료(rent) 얼마를	너는 지불해?	매달 네 집에
How much rent do you (	**) your place a month?**	

step ③ 앨리스는 5년 만에 간신히 학자금 융자를 청산했다.

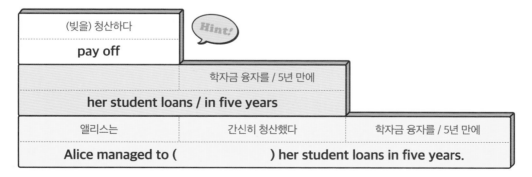

(빚을) 청산하다
pay off

Hint!

	학자금 융자를 / 5년 만에
her student loans / in five years	

앨리스는	간신히 청산했다	학자금 융자를 / 5년 만에
Alice managed to (	**) her student loans in five years.**	

step ④ 새 장비를 구매하는 것이 장기적으로 남는 게 있을 것이다.

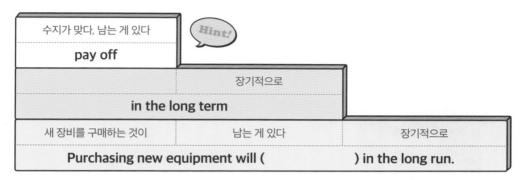

수지가 맞다, 남는 게 있다	Hint!
pay off	

	장기적으로
in the long term	

새 장비를 구매하는 것이	남는 게 있다	장기적으로
Purchasing new equipment will (	**)**	**in the long run.**

step ⑤ 그들이 돈을 다 갚지 않으면, 나는 법적 조치를 취할 것이다.

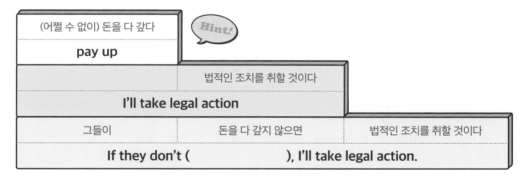

(어쩔 수 없이) 돈을 다 갚다	Hint!
pay up	

	법적인 조치를 취할 것이다
I'll take legal action	

그들이	돈을 다 갚지 않으면	법적인 조치를 취할 것이다
If they don't (	**)**	**, I'll take legal action.**

Answer

❶ You can **pay back** the loan over a period of two years.
❷ How much rent do you **pay for** your place a month?
❸ Alice managed to **pay off** her student loans in five years.
❹ Purchasing new equipment will **pay off** in the long run.
❺ If they don't **pay up**, I'll take legal action.

give

away

거저 주다
누설하다

cf. giveaways는 명사로 공짜로 나누어
주는 상품들을 말한다. (보통 복수형.)

- **give away** samples
  샘플을 나눠주다
- **give away** the secrets
  비밀을 누설하다

give 는
무언가에 대한 '소유권이나 물건
등을 건네주다'의 의미로 쓰인다.
말하는 이를 중심으로 타인에게 나
가는 행위에 대해 쓰이기도 한다.

- I want to **give away** this old cassette player, but now nobody wants it.
  이 낡은 카세트를 거저 주고 싶은데, 아무도 원하는 사람이 없어.

🔄 give (something) for free

The foreign residents in the country will be **given** the COVID-19 vaccine for free.
그 나라의 외국인 거주자들은 코로나 백신을 무료로 받게 될 것이다.

in

굴복하고 따르다
양보하다

- finally **give in**
  마침내 굴복하다
- **give in** to the temptation
  그 유혹에 넘어가다

- The worst thing we can do is (to) **give in**.
  우리가 할 수 있는 최악의 일은 굴복이다.
- Why do teenagers **give in** to peer pressure?
  왜 십대들은 또래집단의 압력에 굴복하는 걸까?

🔄 agree

The residents **agreed** to file a petition to the county office.
주민들은 군청에 청원을 접수하는 데 동의했다.

out ❶

배포하다, 나눠주다

- **give out** flyers
  전단지를 나눠주다
- **give out** handouts
  유인물을 나눠주다

- They **gave out** free balloons to children to celebrate their grand opening.
  그들은 개업을 축하하려고 아이들에게 공짜 풍선을 나눠주었다.

⊜ **hand out**

They are **handing out** pamphlets about smokefree restaurants.
그들이 금연 식당에 관한 팸플릿을 나눠주고 있다.

out ❷

동나다, 바닥나다
정지하다
힘이 빠져 무너지다

- **money was beginning to give out**
  돈이 바닥나기 시작했다
- **My legs gave out**
  다리에 힘이 풀려 주저앉았다

- Our food supplies began to **give out**.
  식량 재고가 동나기 시작했다.
- My old laptop finally **gave out**.
  오래된 내 노트북 컴퓨터가 마침내 멎었다.

⊜ **run out**

My patience is **running out**.
내 인내심이 바닥나고 있다.

up

그만두다, 포기하다
Cf. give up 대상 자체를 포기하다
give up on 포기하다 (무언가 하려고 했던 생각을) 포기하다

- **give up** smoking
  금연하다
- **give up** his job
  직장을 그만두다

- I **gave up** on love.
  난 사랑 따위 포기할래.
- Don't **give up** on your hopes.
  희망을 놓지 마.

⊜ **quit**

He **quit** teaching and started a new career as a playwright.
그는 가르치는 일을 그만두고 희곡 작가로 새로운 경력을 시작했다.

135

step 1 그 편집자는 실수로 책의 결말을 누설했다.

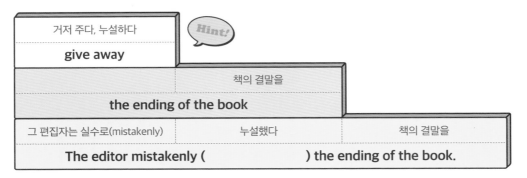

거저 주다, 누설하다
give away

Hint!

책의 결말을
the ending of the book

그 편집자는 실수로(mistakenly)	누설했다	책의 결말을

The editor mistakenly (   ) the ending of the book.

step 2 세스는 굴복하지 않고 끝까지 싸웠다.

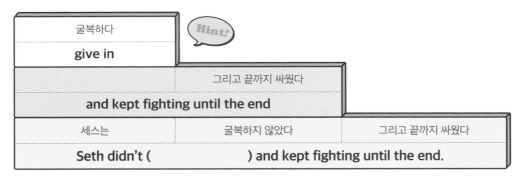

굴복하다
give in

Hint!

그리고 끝까지 싸웠다
and kept fighting until the end

세스는	굴복하지 않았다	그리고 끝까지 싸웠다

Seth didn't (   ) and kept fighting until the end.

step 3 그 파티의 주최자는 행사 3일 전에 잊지 말라는 메시지를 보냈다.

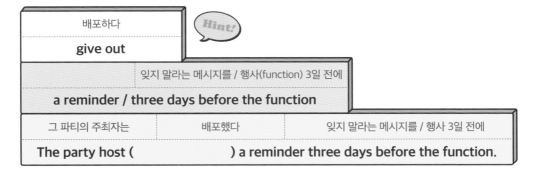

배포하다
give out

Hint!

잊지 말라는 메시지를 / 행사(function) 3일 전에
a reminder / three days before the function

그 파티의 주최자는	배포했다	잊지 말라는 메시지를 / 행사 3일 전에

The party host (   ) a reminder three days before the function.

step ④ 그 고대 건축물은 오랜 세월이 지나 무너졌다.

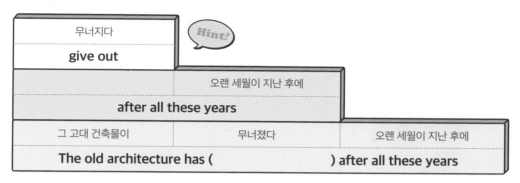

무너지다	Hint!
give out	

	오랜 세월이 지난 후에
after all these years	

그 고대 건축물이	무너졌다	오랜 세월이 지난 후에
The old architecture has (	**)**	**after all these years**

step ⑤ 변명하는 건 포기하는 게 좋을 거야.

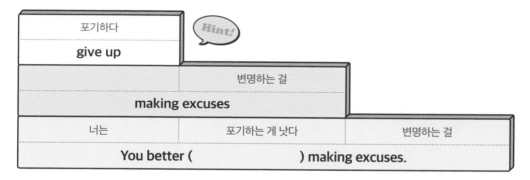

포기하다	Hint!
give up	

	변명하는 걸
making excuses	

너는	포기하는 게 낫다	변명하는 걸
You better (	**)**	**making excuses.**

Answer

❶ The editor mistakenly **gave away** the ending of the book.
❷ Seth didn't **give in** and kept fighting until the end.
❸ The party host **gave out** a reminder three days before the function.
❹ The old architecture has **given out** after all these years.
❺ You better **give up** making excuses.

carry

	away	**on**
	넋을 잃게 하다 흥분시키다(주로 수동태로 쓰임) ~을 휩쓸어가다	계속하다, 속행하다

carry 는
'나르다', '지니고 다니다', '가지고
다니다', '들고 다니다' 등의 의미를
가진다.

away	**on**
• get **carried away** by anger 분노에 휩싸이다 • be **carried away** by the flood 홍수에 휩쓸리다	• the terrorists attacks **carry on** 테러 공격이 계속되다 • **carry on** the investigation 그 조사를 계속하다
• The child was **carried away** by the tsunami. 그 아이는 쓰나미에 휩쓸려 갔다. • I was **carried away** by his performance. 그 사람의 공연에 나는 넋을 잃었다.	• Dr. Jones **carried on** his family tradition. 존스 박사는 가족의 전통을 이어갔다. • The researchers **carried on** sleeping experiments. 그 연구자들은 수면 실험을 계속했다.
⊜ **get overexcited** The soccer fans tend to **get overexcited** and become violent. 축구 팬들은 흥분해서 폭력적으로 변하는 경향이 있다.	⊜ **continue** They **continued** their parade though it was raining. 비가 내렸지만 그들은 퍼레이드를 계속했다.

out

수행하다, 실행하다, 집행하다

- carry out an inspection
  검사를 수행하다
- carry out the mission
  임무를 실행하다

- The researchers carried out a survey about single life.
  그 연구원들은 독신 생활에 대한 설문조사를 수행했다.
- The company carried out a promotional campaign.
  그 회사는 홍보 캠페인을 했다.

⊜ perform

The intern performed his job much better than expected.
그 인턴사원은 기대했던 것보다 훨씬 더 일을 잘했다.

over

연기하다/미루다, 이월시키다
영향을 끼치다

- carry over to the next quarter
  다음 분기로 이월시키다
- carry over the plan
  그 계획을 넘기다

- The issue was carried over to the next meeting.
  그 안건은 다음 회의로 넘어갔다.
- His success was carried over into their relationship.
  그의 성공은 그들의 관계에 영향을 끼쳤다.

⊜ affect

His remark affected the opinions of other directors.
그의 발언은 다른 이사들의 의견에 영향을 끼쳤다.

through with

수행하다/완수하다
견뎌내다

- carry through with the project
  그 프로젝트를 수행하다
- carry through with the rally
  그 집회를 수행하다

- Is it possible to carry through with the real estate reforms?
  부동산 개혁을 관철시키는 것이 가능할까?
- The company carried through with the restructuring.
  그 기업은 구조 조정을 이행했다.

⊜ complete successfully

She completed the one thousand-piece puzzle successfully in two days.
그녀는 천 피스 퍼즐을 이틀 만에 완성했다.

step ① 군중은 그의 연설에 흥분했다.

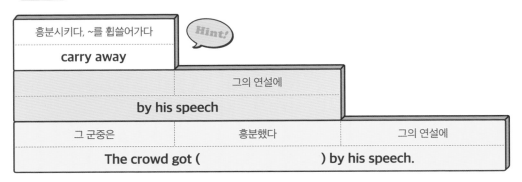

흥분시키다, ~를 휩쓸어가다	Hint!
carry away	

	그의 연설에
	by his speech

그 군중은	흥분했다	그의 연설에
The crowd got (	**)**	**by his speech.**

step ② 지구인들은 우주 탐사를 계속할 것이다.

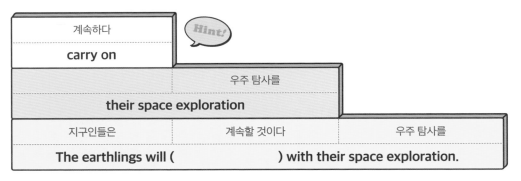

계속하다	Hint!
carry on	

	우주 탐사를
	their space exploration

지구인들은	계속할 것이다	우주 탐사를
The earthlings will (	**)**	**with their space exploration.**

step ③ 회계 부서는 분기마다 정기적인 모니터링을 수행해야 한다.

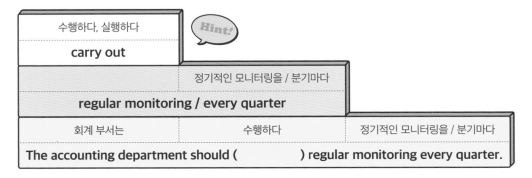

수행하다, 실행하다	Hint!
carry out	

	정기적인 모니터링을 / 분기마다
	regular monitoring / every quarter

회계 부서는	수행하다	정기적인 모니터링을 / 분기마다
The accounting department should (	**)**	**regular monitoring every quarter.**

step 4 집에서 배운 예절은 놀이터로 이어진다.

영향을 끼치다	
carry over	

Hint!

	놀이터로
into the playground	

집에서 배운 예절은	영향을 끼친다	놀이터로
Manners learned at home (	**)**	**into the playground.**

step 5 정부가 기후 변화 대응안을 완수할 것인지 확신할 수 없다.

끝까지 완수하다	
carry through with	

Hint!

	기후 변화 대응안을
the climate action plans	

나는 확신하지 못하겠다 / 정부가 ~일지	완수할 것이다	기후 변화 대응안을
I'm not sure if the government will (	**)**	**the climate action plans.**

Answer

❶ The crowd got **carried away** by his speech.
❷ The earthlings will **carry on** with their space exploration.
❸ The accounting department should **carry out** regular monitoring every quarter.
❹ Manners learned at home **carry over** into the playground.
❺ I'm not sure if the government will **carry through with** the climate action plans.

put ②

put 은
사람 혹은 사물을 '어떤 장소에 놓다'거나 '특정 상황에 둔다'라는 의미가 있다.

out①

불을 끄다

* '끄다'는 표현으로, light와 fire 둘 다에 쓰인다.

- **put out** the light downstairs
  아래층 불을 끄다
- **put out** the fire
  불을 끄다

- I forgot to **put out** the light in the garage.
  차고의 불을 끄는 걸 깜박했어.
- Firefighters had trouble **putting out** the fire at the old building.
  소방관들은 그 낡은 건물의 화재를 진압하느라 고생했다.

⊜ extinguish

It is important to **extinguish** fires at the initial stage.
초기 단계에 불을 끄는 것이 중요하다.

* light를 끌 때는 turn off, fire는 extinguish를 쓴다.

out②

출시하다
생산하다

* 밖에(out) 내어 놓는 것(out)으로, '상품 등을 만들어 밖에 놓는다'는 의미로 쓰인다.

- **put out** sneakers
  운동화를 생산하다
- **put out** funny t-shirts
  재미있는 티셔츠를 내놓다

- Major manufacturers are **putting out** next-generation cellphones.
  주요 제조업체들이 차세대 핸드폰들을 내놓고 있다.
- They **put out** reproductions of guns.
  그들은 모형 총을 생산한다.

⊜ produce

The land was so barren that it could **produce** little food.
그 땅은 너무 척박해서 식량을 거의 생산할 수가 없었다.

through

(전화 건 사람을) 연결시켜 주다

- **put me through** to the legal team
  법무팀으로 나를 연결해 주다
- **put him through** to the officer in charge
  담당자에게 그를 연결하다

- Could you **put me through** to the Human Resources Department?
  인사과로 연결해 주시겠어요?

⊜ **transfer one's call**

The operator cannot **transfer her call** to the HR director.
교환원은 그녀의 전화를 인사 담당 이사에게 연결해 줄 수 없다.

together

조립하다, 모으다
준비하다
(이것저것 모아서 준비한다는 뜻에서)

- **put together** the broken pieces of the doll
  부서진 인형 조각을 맞추다
- **put together** a presentation
  발표를 준비하다

- The NGO **put together** a relief package for the flood victims.
  그 비정부단체는 홍수 피해자들을 위한 구호물품 세트를 준비했다.
- Laura is a genius in **putting together** a proposal that attracts investors.
  로라는 투자자들을 유치하는 제안서를 준비하는 데 귀재이다.

⊜ **assemble**

The shelves are not difficult to **assemble** by myself.
그 선반들은 나 혼자 조립하기 어렵지 않아.

up with

참다, 견디다

- **put up with** him
  그를 참다
- **put up with** the noise
  소음을 참다

- I can't **put up with** politically incorrect words anymore.
  나는 더 이상 정치적으로 옳지 않은 말들을 참을 수가 없다.
- You shouldn't **put up with** such unfair treatment.
  그렇게 부당한 대접을 참아선 안 돼.

⊜ **endure**

He had to **endure** all the insults at work because he did not have a work permit.
그는 취업 허가가 없었기 때문에 직장에서 온갖 모욕을 견뎌야만 했다.

143

step 1 쏟아지는 비가 모닥불을 꺼버렸다.

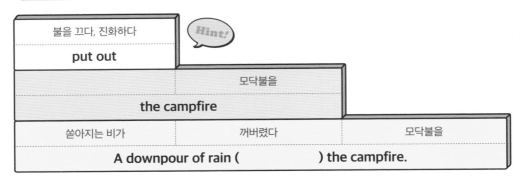

불을 끄다, 진화하다	Hint!
put out	

	모닥불을	
	the campfire	

쏟아지는 비가	꺼버렸다	모닥불을
A downpour of rain (	**)**	**the campfire.**

step 2 경쟁사에서 이미 새로운 모델을 출시했다.

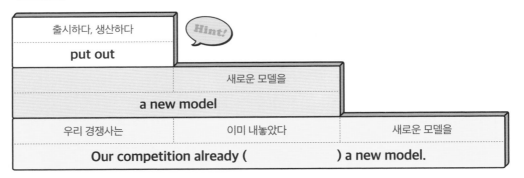

출시하다, 생산하다	Hint!
put out	

	새로운 모델을	
	a new model	

우리 경쟁사는	이미 내놓았다	새로운 모델을
Our competition already (	**)**	**a new model.**

step 3 그 기자는 마케팅 매니저를 연결해 달라고 요청했다.

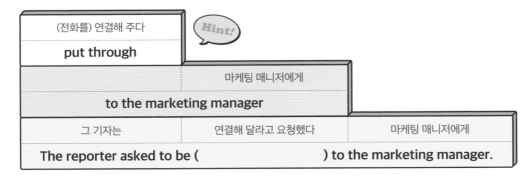

(전화를) 연결해 주다	Hint!
put through	

	마케팅 매니저에게	
	to the marketing manager	

그 기자는	연결해 달라고 요청했다	마케팅 매니저에게
The reporter asked to be (	**)**	**to the marketing manager.**

step 4 주니어 마케팅 담당자는 홍보용 자료들을 혼자 준비해야 했다.

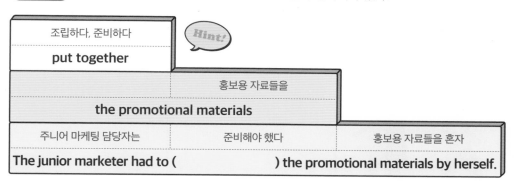

조립하다, 준비하다	Hint!	
put together		
	홍보용 자료들을	
the promotional materials		
주니어 마케팅 담당자는	준비해야 했다	홍보용 자료들을 혼자
The junior marketer had to (	) the promotional materials by herself.	

step 5 오직 천사들만이 저 버릇없는 소년들을 견딜 수 있다.

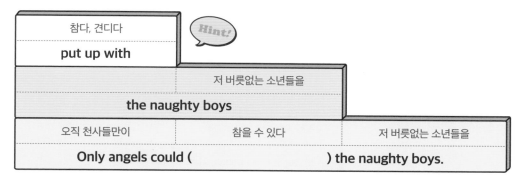

참다, 견디다	Hint!	
put up with		
	저 버릇없는 소년들을	
the naughty boys		
오직 천사들만이	참을 수 있다	저 버릇없는 소년들을
Only angels could (	) the naughty boys.	

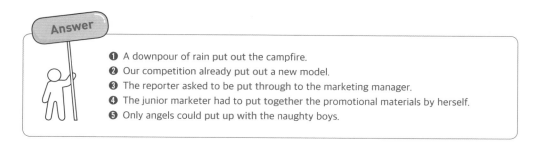

Answer

❶ A downpour of rain put out the campfire.
❷ Our competition already put out a new model.
❸ The reporter asked to be put through to the marketing manager.
❹ The junior marketer had to put together the promotional materials by herself.
❺ Only angels could put up with the naughty boys.

pass

pass 는
사물이나 사람이 '지나가다'라는
원형적인 의미에서 확장되어 어떤
일을 '~로 치다', '치부하다'의
의미로도 쓰인다.

away

죽다
* die의 동의어지만 더 공손한 표현으로,
우리말 '돌아가시다' 정도의 의미다.

- her father passed away
  그녀의 아버지가 돌아가셨다
- his loved one passed
  away
  그가 사랑하던 이가 죽었다

- The old lovers passed
  away on the same day.
  늙은 연인들이 같은 날 죽었다.
- I just got a text message
  that his wife passed away.
  그의 아내가 죽었다는 문자를 막 받
  았다.

⊜ **die**

He died last week while
sleeping.
그는 지난주에 자다가 죽었다.

by

(옆을) 지나가다

- days pass by
  날이 지나가다
- a mouse passes by
  쥐가 지나가다

- The St. Patrick's Day
  Parade passed by the
  hotel where I stayed in
  Chicago.
  성 패트릭의 날 행렬이 내가 시카고
  에서 묵었던 호텔 옆을 지나갔다.

⊜ **move past**

The soldiers moved past
City Hall.
군인들이 시청을 지나쳐 갔다.

for

(흔히 가짜 따위가) ~로 통하다

- **pass for sixteen**
  열여섯으로 보이다
- **pass for a minor**
  미성년자로 보이다

- **Matthew could pass for a girl.**
  매튜는 여자로 보일 수도 있겠다.
- **He could easily pass for a guru on the subject.**
  그는 그 주제에 대해서라면 쉽게 지도자로 보일 수도 있다.

⇔ be taken for

You may be taken for a teenager in those casual clothes.
넌 그 캐주얼을 입으면 십대로 보일지도 몰라.

on

전하다, 넘겨주다

- **pass on the message**
  그 메시지를 전달하다
- **pass on to the next item on the agenda**
  다음 안건으로 넘어가다

- **The couple is going to pass on their savings to their son.**
  그 부부는 저축을 아들에게 넘겨주려고 한다.
- **The master passed on his secret crafting technique to his apprentice.**
  그 대가는 도제에게 비밀 공예 기술을 전수했다.

⇔ transfer

Teachers transfer their knowledge to their students.
교사는 자신의 지식을 학생들에게 전달한다.

through

통과하다
경험하다

- **pass through a turnstile**
  회전식 개찰구를 통과하다
- **pass through the inspection**
  검사를 통과하다

- **They are passing through the security check.**
  그들은 보안 검색대를 통과하고 있다.
- **He passed through the desert by himself.**
  그는 사막을 혼자서 통과했다.

⇔ go through

You need to go through two more obstacles before you finish this course.
이 코스를 마치기 전에 장애물 두 개를 더 거쳐야 한다.

step ① 대부분의 인간은 그들이 절대 죽지 않을 것이라고 생각한다.

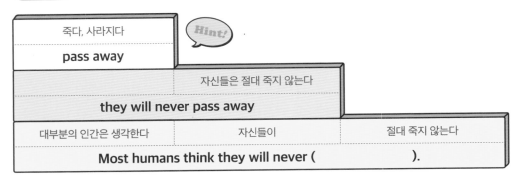

죽다, 사라지다	Hint!
pass away	

	자신들은 절대 죽지 않는다	
they will never pass away		

대부분의 인간은 생각한다	자신들이	절대 죽지 않는다
Most humans think they will never (		**).**

step ② 나는 매일 아침 등굣길에 소녀의 집을 지나친다.

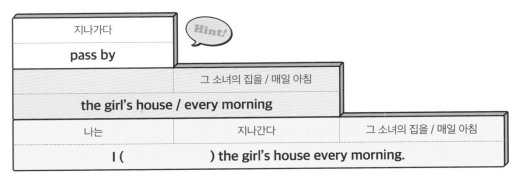

지나가다	Hint!
pass by	

	그 소녀의 집을 / 매일 아침	
the girl's house / every morning		

나는	지나간다	그 소녀의 집을 / 매일 아침
I (	**) the girl's house every morning.**	

step ③ 그가 만든 사본이 진짜인 것으로 통할 수 있다.

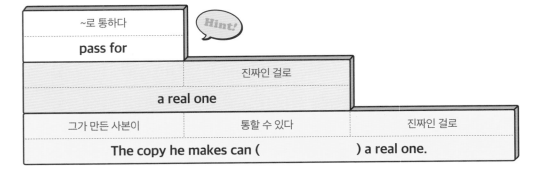

~로 통하다	Hint!
pass for	

	진짜인 걸로	
a real one		

그가 만든 사본이	통할 수 있다	진짜인 걸로
The copy he makes can (	**) a real one.**	

step 4 장로들은 젊은 세대에게 유용한 조언을 했다.

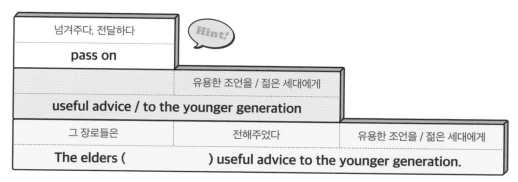

넘겨주다, 전달하다

pass on   Hint!

유용한 조언을 / 젊은 세대에게

useful advice / to the younger generation

그 장로들은	전해주었다	유용한 조언을 / 젊은 세대에게

The elders (   ) useful advice to the younger generation.

step 5 매일 약 51척의 선박이 수에즈 운하를 통과한다.

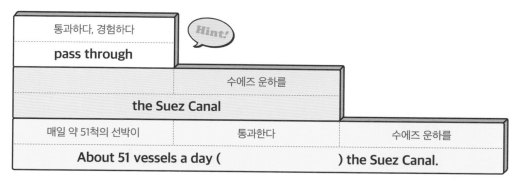

통과하다, 경험하다

pass through   Hint!

수에즈 운하를

the Suez Canal

매일 약 51척의 선박이	통과한다	수에즈 운하를

About 51 vessels a day (   ) the Suez Canal.

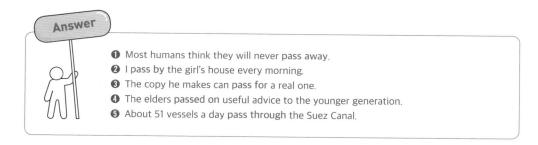

Answer

❶ Most humans think they will never pass away.
❷ I pass by the girl's house every morning.
❸ The copy he makes can pass for a real one.
❹ The elders passed on useful advice to the younger generation.
❺ About 51 vessels a day pass through the Suez Canal.

'pay back, give up, put through, carry away, pass by' 중에 알맞은 말을 골라 빈 박스를 채워 보세요.

Cindy	Meg, I can't ❶_____ you _____ to Eric. He's in a meeting now.
Meg	I need to talk to him RIGHT NOW!
Cindy	Meg, I'm sorry I can't help you. Your business is over with us.
Meg	This thing is not about business – it's personal. It is all about him, Ally and me!
Cindy	Why don't you just ❷_____ _____ on him? It's just too much.
Eric	Meg, there's nothing I can talk about anymore.
Meg	It is all because of Ally. She asked you to do this as ❸_____ for me, huh?
Eric	Meg, it is because of YOU. Why can't you tell business from personal feelings? And my company is not doing business with yours any more.
Meg	Eric, you can't do this to me!
Eric	I've got to go, Meg. Please don't call again.

신디	메그, 에릭한테 ❶ <u>연결해 줄</u> 수 없어요. 지금 회의 중이세요.
메그	지금 당장 그 사람이랑 얘기해야 한다니까요!
신디	메그, 도와드리지 못해서 죄송해요. 우리 회사와 당신 회사와의 거래는 이제 끝났잖아요.
메그	이건 비즈니스 얘기가 아니에요. 사적인 거라고요. 그 사람이랑 앨리랑 나에 대한 거라고요!
신디	에릭을 ❷ <u>포기하지</u> 그러세요. 너무 과해요.
에릭	메그, 더 이상 얘기할 게 없어요.
메그	이건 다 앨리 때문이죠. 그녀가 당신한테 나에게 ❸ <u>갚아주라고</u> 한 거죠, 그렇죠?
에릭	메그, 이건 당신 때문이에요. 왜 일과 사적인 감정을 구별하지 못하는 거죠? 그리고 우리 회사는 당신 회사와 더 이상 비즈니스를 하지 않잖아요.
메그	에릭, 당신이 나한테 이러면 안 돼요!
에릭	그만 끊어야 해요, 메그. 다신 전화하지 마세요.

어휘 put forward 제출하다, 주장하다 personal 개인의, 사적인

정답 ❶ put through ❷ give up ❸ payback

'pay back, give up, put through, carry away, pass by' 중에 알맞은 말을 골라 빈 박스를 채워 보세요.

Marge	Have you heard? Ms. Willard told Meg to leave.
Ally	Yes. She burst into my office this morning and made a big scene.
Marge	Oh, I can't believe it! Are you OK?
Ally	No. I'm so tired and sad.
Marge	What did she do?
Ally	Well, she was totally ❶_____ _____. She was beside herself. She blamed me for everything, for taking her man and account away. And Ms. Willard happened to ❷_____ _____ and heard everything.

마지 　그 얘기 들었어? 윌러드 씨가 메그한테 나가라고 했대.

엘리 　네. 오늘 아침에 내 사무실에 쳐들어와서는 소란을 피웠어요.

마지 　어머, 믿을 수가 없네. 괜찮아?

엘리 　아뇨. 너무 피곤하고 슬퍼요.

마지 　메그가 어떻게 했는데?

엘리 　뭐, 완전히 ❶ 이성을 잃었어요. 제정신이 아니더라고요. 모든 게 다 내 탓이래요. 자기 남자랑 고객을 빼앗아 갔대요. 윌러드 씨가 우연히 ❷ 지나가다가 모든 걸 들었어요.

어휘 burst 폭발하다, (감정 등을) 갑작스럽게 표현하다 **blame** ~을 탓하다, 비난하다 **account** 거래, 고객

정답 ❶ carried away ❷ pass by

151

look❶

fill

leave

make

go❷

GROUP 07

look

look 은
'시선을 어디에 두다'라는 의미의
'보다' 동사이다.

after

돌보다, 보살피다

- **look after** the cat
  그 고양이를 돌보다
- **look after** the clothes
  옷을 관리하다

- She can **look after** herself.
  그 여자는 스스로를 돌볼 수 있다.
- This book tells you about how to **look after** your dog.
  이 책은 개를 돌보는 법에 대해 알려 준다.

⇔ **take care of**

The nun has **taken care of** more than 100 orphans since the war.
그 수녀는 전쟁 이후 100명이 넘는 고아들을 돌봐왔다.

ahead

앞을 내다보다

- **look ahead** into the future
  미래를 내다보다
- **look ahead** or look back
  앞을 내다보거나 뒤를 돌아보다

- You can **look ahead** to see how things will change.
  세상이 어떻게 변할지 내다볼 수 있어요.
- A good businessman needs to **look ahead**.
  훌륭한 사업가는 앞을 내다볼 줄 알아야 한다.

⇔ **foretell**

It is easy to **foretell** what kind of society that technology will bring us.
그 기술이 우리에게 어떤 사회를 가져다줄지 예측하는 것은 쉽다.

at

보다, 검토하다

* 명사형으로도 많이 쓰여서
have / take / give a look at 꼴로도
자주 쓰인다.

- **look at me**
  날 보다
- **look at the proposal**
  제안서를 보다(검토하다)

- **He looked at life from a different angle.**
  그는 삶을 다른 관점에서 바라보았다.
- **Please look at my paper before I submit it.**
  제출하기 전에 내 리포트 좀 검토해 줘.

⇔ **examine**

I'd rather ask my boss to examine this report before the staff meeting.
임직원 회의 전에 상사에게 이 보고서를 검토해달라고 부탁하는 게 낫겠어.

down on

경멸하다, 낮추어 보다

* 아래로 깔아보는 것이므로
'무시하다'는 뜻이다.
위로 보는 것은 '존경하다'는 뜻이다.

- **look down on her**
  그 여자를 무시하다
- **look down on the poor**
  가난한 이들을 무시하다

- **The ballet dancer looked down on street dancers.**
  그 발레 무용수는 길거리 무용수들을 무시했다.

⇔ **despise**

I don't hate you; I despise you.
널 미워하지 않아. 경멸해.

for

~를 찾다

- **look for experts**
  전문가들을 찾다
- **look for a pen pal**
  펜팔을 찾다

- **They are now looking for healthier models.**
  그들은 보다 건강한 모델들을 찾고 있다.
- **I'm looking for an MP3 player.**
  MP3 플레이어를 찾고 있는데요.

⇔ **search for**

They are now searching for witnesses.
그들은 이제 증인들을 찾고 있다.

155

step 1 16살에 루시는 다섯 명의 어린 동생들을 엄마처럼 돌봐야 했다.

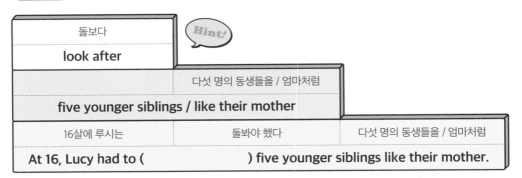

돌보다		Hint!
look after		

	다섯 명의 동생들을 / 엄마처럼
five younger siblings / like their mother	

16살에 루시는	돌봐야 했다	다섯 명의 동생들을 / 엄마처럼
At 16, Lucy had to (	**)**	**five younger siblings like their mother.**

step 2 지나간 일은 지나간 일로 두고 앞을 보자.

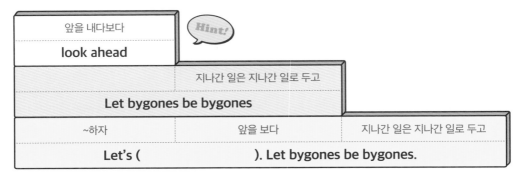

앞을 내다보다		Hint!
look ahead		

	지나간 일은 지나간 일로 두고
Let bygones be bygones	

~하자	앞을 보다	지나간 일은 지나간 일로 두고
Let's (	**).**	**Let bygones be bygones.**

step 3 네가 무슨 짓을 했는지 봐봐.

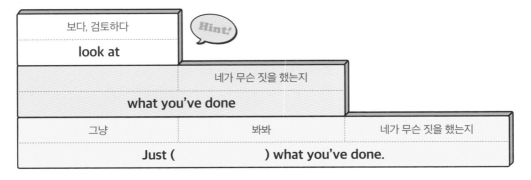

보다, 검토하다		Hint!
look at		

	네가 무슨 짓을 했는지
what you've done	

그냥	봐봐	네가 무슨 짓을 했는지
Just (	**)**	**what you've done.**

look 구동사를 사용하여 문맥에 맞게 박스를 채워 보세요.(look-looked-looked)

step 4 너보다 못한 사람들을 얕보지 마라.

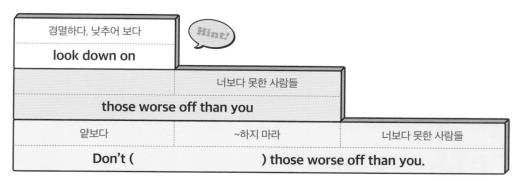

경멸하다, 낮추어 보다		Hint!
look down on		

	너보다 못한 사람들	
those worse off than you		

얕보다	~하지 마라	너보다 못한 사람들
Don't ( ) those worse off than you.		

step 5 차를 고를 때 어떤 특징을 찾으세요?

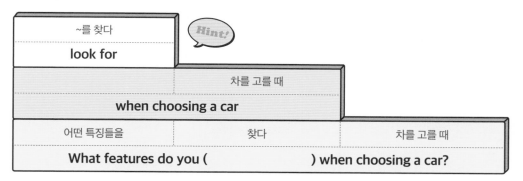

~를 찾다		Hint!
look for		

	차를 고를 때	
when choosing a car		

어떤 특징들을	찾다	차를 고를 때
What features do you ( ) when choosing a car?		

❶ At 16, Lucy had to look after five younger siblings like their mother.
❷ Let's look ahead. Let bygones be bygones.
❸ Just look at what you've done.
❹ Don't look down on those worse off than you.
❺ What features do you look for when choosing a car?

157

leave

leave 는
누군가를 두고 혹은 무언가를 남겨
놓고 '어딘가로 떠나다'라는 의미를
가지고 있다.

aside

고려하지 않다, 제껴 두다

- leave aside the topic
  그 주제는 신경 쓰지 않다
- leave the mix aside for 30 minutes
  반죽을 30분 동안 옆에 놓아두다

- Leave aside the fear you may make a mistake.
  실수할지 모른다는 두려움은 신경 쓰지 마.
- Leave it aside in the fridge.
  냉장고에 그걸 놓아두세요.

⇔ ignore for a while

Let's ignore the statistics for a while.
그 통계 수치는 잠시 무시합니다.

behind

두고 가다
~를 남기고 죽다

- leave my homework behind
  숙제를 두고 오다
- leave his family behind
  그의 가족을 두고 떠나다

- He left me behind and never came back.
  그는 나를 두고 떠나서 다시는 돌아오지 않았다.
- Her parents left a large fortune behind.
  그 여자의 부모는 엄청난 재산을 남기고 돌아가셨다.

out

생략하다, 제외하다
따돌리다

- **leave** one's name **out**
  누군가의 이름을 빼다
- **leave** her **out**
  그 여자를 따돌리다

- You cannot take all the clothes here. Please **leave** some suits **out**.
  여기 있는 옷들을 전부 가져갈 순 없어. 정장 몇 벌은 빼렴.
- The girl felt **left out** in class.
  그 소녀는 반에서 따돌림을 당한다고 느꼈다.

⊜ **omit**

He **omitted** her name on the invitation list.
그는 그녀의 이름을 초대 명단에서 빠뜨렸다.

off

중단하다, 정리하고 끝내다
~를 빼다
집어치우다

- **leave off** eating meat
  고기 먹는 것을 중단하다
- **leave off** before the end of the game.
  게임이 끝나기 전에 집어치우다

- Where did I **leave off**?
  어디까지 했더라?
- Joanne took up the story where Kevin **left off**.
  케빈이 멈춘 부분에서 조앤이 이야기를 이어받아 다시 했다.

⊜ **stop**

They **stopped** shipping as the storm was moving in.
폭풍이 다가오고 있는지라 그들은 선적을 중단했다.

for

~를 향해 떠나다
* leave A for B A를 떠나 B로 향하다
* leave A A를 떠나다

- **leave for** New York
  뉴욕으로 떠나다
- **leave** India **for** England
  인도를 떠나 영국으로 가다

- They are **leaving for** the New World.
  그들은 새로운 세계로 떠날 것이다.
- She **left** Seoul **for** LA.
  그녀는 서울을 떠나 로스앤젤레스로 갔다.

159

step ❶ 심사위원들은 개인적인 선호도를 고려하지 말아야 한다.

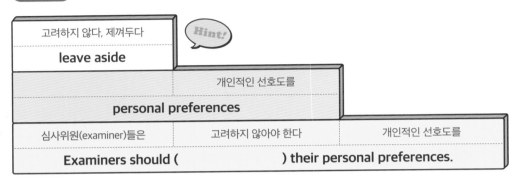

고려하지 않다, 제껴두다	Hint!
leave aside	

	개인적인 선호도를
personal preferences	

심사위원(examiner)들은	고려하지 않아야 한다	개인적인 선호도를
Examiners should ( ) their personal preferences.		

step ❷ 우리는 미래 세대를 위해 깨끗한 세상을 남겨야 한다.

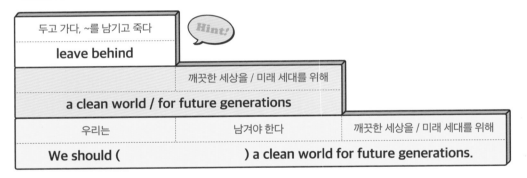

두고 가다, ~를 남기고 죽다	Hint!
leave behind	

	깨끗한 세상을 / 미래 세대를 위해
a clean world / for future generations	

우리는	남겨야 한다	깨끗한 세상을 / 미래 세대를 위해
We should ( ) a clean world for future generations.		

step ❸ 고추장은 비빔밥에서 빼는 게 낫다.

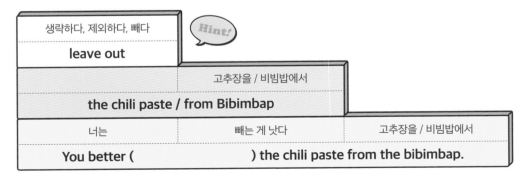

생략하다, 제외하다, 빼다	Hint!
leave out	

	고추장을 / 비빔밥에서
the chili paste / from Bibimbap	

너는	빼는 게 낫다	고추장을 / 비빔밥에서
You better ( ) the chili paste from the bibimbap.		

step ④ 성인들은 교육을 받다가 중단했던 지점에서 시작할 수 있다.

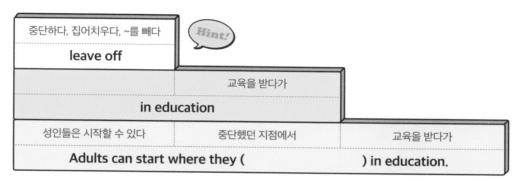

중단하다, 집어치우다, ~를 빼다
Hint!
leave off

교육을 받다가
in education

성인들은 시작할 수 있다	중단했던 지점에서	교육을 받다가

Adults can start where they (   ) in education.

step ⑤ 딕은 다음 주 금요일에 프랑스로 떠날 것이다.

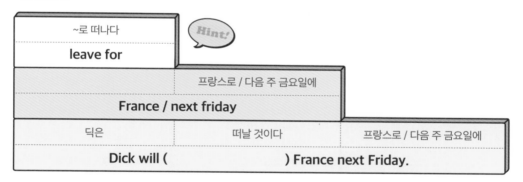

~로 떠나다
Hint!
leave for

프랑스로 / 다음 주 금요일에
France / next friday

딕은	떠날 것이다	프랑스로 / 다음 주 금요일에

Dick will (   ) France next Friday.

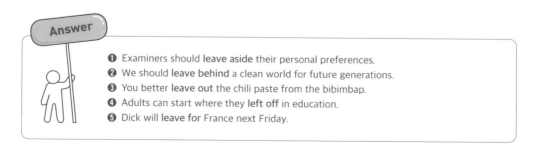

Answer

❶ Examiners should **leave aside** their personal preferences.
❷ We should **leave behind** a clean world for future generations.
❸ You better **leave out** the chili paste from the bibimbap.
❹ Adults can start where they **left off** in education.
❺ Dick will **leave for** France next Friday.

go ②

go 는
말하는 이를 기준으로 '이쪽에서 저쪽으로 이동하다'라는 뜻을 가지고 있다.

ahead(with)

진행하다, 나아가다
* go-ahead는 명사로 쓰이면 어떤 일을 하라는 '허가'의 의미를 지닌다.

- **go ahead with an event**
  행사를 진행시키다
- **go ahead with a campaign**
  캠페인을 진행시키다

- **The exhibition is going ahead as planned.**
  전시회는 계획대로 진행되고 있다.
- **They are going to go ahead with an anti-war campaign.**
  그들은 반전 운동을 진행하려고 한다.

⊜ **proceed**

The governing party was determined to proceed with the election.
여당은 단호하게 선거를 진행시키려 했다.

by

지나가다
~대로 하다

- **a train goes by**
  기차가 지나가다
- **go by the rules**
  규칙대로 하다

- **Don't let this opportunity go by.**
  이 기회를 놓치지 말아라.
- **He always goes by the book.**
  그는 항상 정석대로 한다.

⊜ **pass**

They passed two checkpoints before they reached the international conference.
그들은 그 국제회의에 도착하기 전에 검문소 두 곳을 지났다.

for

시도하다
좋아하다
구하다

* 전치사 for는 목적·방향의 의미가 있다. 그래서 go for something은 무언가를 얻기 위해 간다는 의미에서 '얻으려고 시도하다', 무언가를 향해 (마음이) 간다는 의미에서 '좋아하다'의 뜻이 된다.

- go for the scholarship
  장학금을 받으려 하다
- go for the color pink
  핑크색을 좋아하다

- She is going for the Gold Medal at the Olympic Games.
  그녀는 올림픽에서 금메달을 노릴 것이다.
- I'll go for an iPad Air.
  난 아이패드 에어로 할래.

off

울리다
폭발하다
불이 꺼지다

- the alarm goes off
  알람이 울리다
- the bomb goes off
  폭탄이 터지다

- The fire alarm went off at 3 a.m.
  새벽 3시에 화재경보기가 울렸다.
- Bombs went off in the London Tube.
  런던 지하철에서 폭탄이 터졌다.

⇔ explode

Something exploded in the shopping mall.
그 쇼핑몰에서 무언가가 폭발했다.

on

계속되다/계속하다
출연하다, 등장하다

- the show goes on
  쇼가 계속되다
- a singer goes on a soap opera
  가수가 연속극에 출연하다

- The air raid went on past midnight.
  폭격은 자정이 지나서도 계속되었다.
- Tom Cruise went on *The Oprah Winfrey Show*.
  톰 크루즈가 오프라 윈프리 쇼에 출연했다.

⇔ continue

The campaign for recycling continued throughout the year.
그 재활용 캠페인은 일 년 내내 계속되었다.

163

step ❶ 그 도시는 아파트 10개 단지를 더 짓는 안을 추진하기로 결정했다.

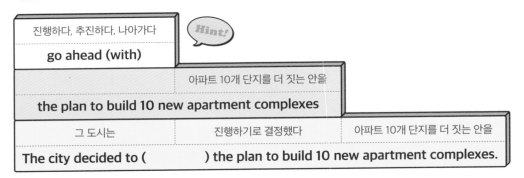

진행하다, 추진하다, 나아가다
go ahead (with)   Hint!

아파트 10개 단지를 더 짓는 안을
the plan to build 10 new apartment complexes

그 도시는	진행하기로 결정했다	아파트 10개 단지를 더 짓는 안을

The city decided to (   ) the plan to build 10 new apartment complexes.

step ❷ 하루가 매우 느리게 가는 것 같다.

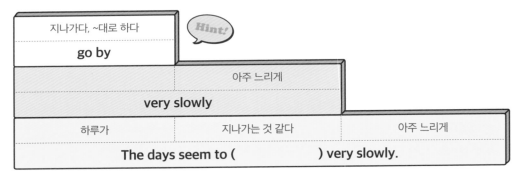

지나가다, ~대로 하다
go by   Hint!

아주 느리게
very slowly

하루가	지나가는 것 같다	아주 느리게

The days seem to (   ) very slowly.

step ❸ 제임스는 여자와 데이트를 할 때 항상 외모를 좇는다.

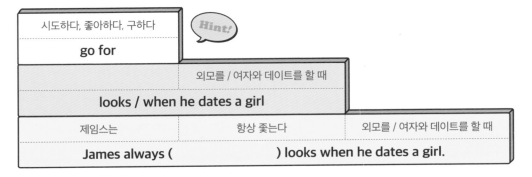

시도하다, 좋아하다, 구하다
go for   Hint!

외모를 / 여자와 데이트를 할 때
looks / when he dates a girl

제임스는	항상 좇는다	외모를 / 여자와 데이트를 할 때

James always (   ) looks when he dates a girl.

step ④ 그가 권총을 발사했지만 발사되지 않았다.

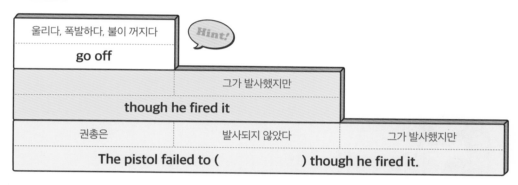

울리다, 폭발하다, 불이 꺼지다	Hint!	
go off		
	그가 발사했지만	
though he fired it		
권총은	발사되지 않았다	그가 발사했지만
The pistol failed to (	**) though he fired it.**	

step ⑤ 사라는 사고 후에도 평소처럼 하겠다고 고집했다.

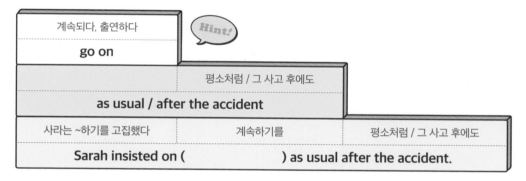

계속되다, 출연하다	Hint!	
go on		
	평소처럼 / 그 사고 후에도	
as usual / after the accident		
사라는 ~하기를 고집했다	계속하기를	평소처럼 / 그 사고 후에도
Sarah insisted on (	**) as usual after the accident.**	

Answer

❶ The city decided to **go ahead with** the plan to build 10 new apartment complexes.
❷ The days seem to **go by** very slowly.
❸ James always **goes for** looks when he dates a girl.
❹ The pistol failed to **go off** though he fired it.
❺ Sarah insisted on **going on** as usual after the accident.

fill

in

써 넣다, 채워 넣다

- fill in the blank
  빈칸을 채우다
- fill in a form
  양식을 채우다

- Please fill in the following parenthesis.
  다음 괄호를 채워 주세요.

write down

She forgot to write down the return address on the envelope.
그 여자는 봉투에 보내는 이의 주소를 써 넣는 것을 깜박했다.

in on

~에게 ~에 관해 자세히 알리다

- fill me in on the accident
  그 사고에 대해 내게 자세히 말하다
- fill her in on the day's events
  오늘의 행사에 대해 그녀에게 자세히 말하다

- Can you fill me in on what's going on here?
  여기서 지금 무슨 일이 일어나는 건지 나한테 자세히 얘기해 줄래?
- Jane filled him in on the gossip.
  제인이 그에게 그 가십에 대해 자세히 말해 주었다.

inform A of B

The sales representative informed his manager of the defective case.
그 영업 사원은 과장에게 그 결함 건을 알렸다.

fill 은
'무언가를 채우다'라는 뜻으로, 어떤 용기(container)를 채운다는 의미에서 발전해 '빈칸 혹은 서류를 채우다' 또는 '어떤 추상적인 공백을 채우다'라는 의미로도 쓰인다.

out ❶

쓰다, 여백을 메우다

- **fill out a form**
  양식을 기입하다
- **fill out this checklist**
  이 확인 명단을 기입하다

- You should **fill out** this application form to apply for the job.
  그 일자리에 지원하려면 이 지원서를 작성해야 한다.
- I **filled out** the survey and returned it.
  그 설문지를 기재해서 반송했다.

⊜ **complete**

You should **complete** the registration form to apply for any courses here.
여기 있는 강좌를 신청하시려면 그 등록 용지를 다 작성하셔야 합니다.

out ❷

몸이 불다, 살이 찌다

- **fill out with age**
  나이 들면서 몸이 불다
- **fill out into 200 pounds**
  200파운드로 불다

- John Travolta has **filled out** with age.
  존 트라볼타는 나이가 들면서 몸이 불었다.
- Her figure **filled out** as she blossomed.
  그녀는 나이가 무르익으면서 몸에 살이 붙었다.

⊜ **put weight on**

The actress is too boney. She should **put on** some weight.
그 여배우는 너무 말랐어. 살이 좀 붙어야 해.

up

가득 채우다
* up에는 '완전히', '위로'라는 의미가 있다. fill out과 달리 '양' 혹은 '액체'와 관련이 있다.

- **fill up a glass**
  잔을 채우다
- **fill up an oil tank**
  름 탱크를 채우다

- **Fill it up, please!**
  가득 채워 주세요!
- **Fill up my glass, please!**
  잔을 가득 채워 주세요!

⊜ **become full**

These bins are great for storing your waste until they **become full**.
이 쓰레기통은 가득 찰 때까지 쓰레기를 저장하기가 좋다.

167

step 1 교사 연수생들은 훈련이 끝난 후 설문지를 작성하라는 요청을 받았다.

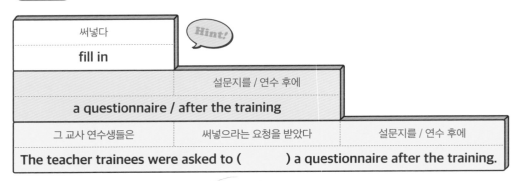

써넣다	Hint!
fill in	

	설문지를 / 연수 후에
	a questionnaire / after the training

그 교사 연수생들은	써넣으라는 요청을 받았다	설문지를 / 연수 후에
The teacher trainees were asked to (	**)** **a questionnaire after the training.**	

step 2 BTS라는 보이 그룹에 대해 누가 좀 자세히 알려줄래요?

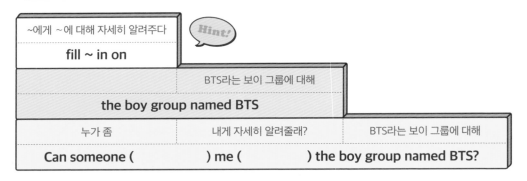

~에게 ~에 대해 자세히 알려주다	Hint!
fill ~ in on	

	BTS라는 보이 그룹에 대해
	the boy group named BTS

누가 좀	내게 자세히 알려줄래?	BTS라는 보이 그룹에 대해
Can someone (	**) me (**	**) the boy group named BTS?**

step 3 그 양식을 2통 작성하셔야 합니다.

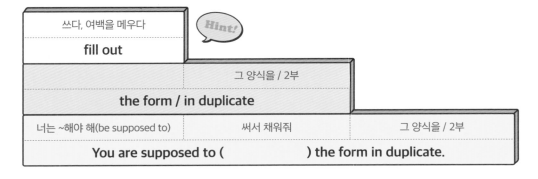

쓰다, 여백을 메우다	Hint!
fill out	

	그 양식을 / 2부
	the form / in duplicate

너는 ~해야 해(be supposed to)	써서 채워줘	그 양식을 / 2부
You are supposed to (	**) the form in duplicate.**	

step 4 칼의 허리 주변에 살이 붙기 시작했다.

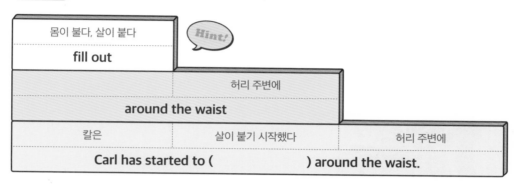

몸이 붙다, 살이 붙다	Hint!
fill out	

	허리 주변에	
around the waist		

칼은	살이 붙기 시작했다	허리 주변에
Carl has started to (　　　　　) around the waist.		

step 5 출발하기 전에 가스를 채워야겠어요.

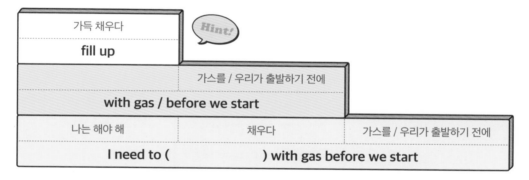

가득 채우다	Hint!
fill up	

	가스를 / 우리가 출발하기 전에	
with gas / before we start		

나는 해야 해	채우다	가스를 / 우리가 출발하기 전에
I need to (　　　　　) with gas before we start		

Answer

❶ The teacher trainees were asked to **fill in** a questionnaire after the training.
❷ Can someone **fill** me **in** on the boy group named BTS?
❸ You are supposed to **fill out** the form in duplicate.
❹ Carl has started to **fill out** around the waist.
❺ I need to **fill up** with gas before we start.

make

make 는

'혼합하거나 다듬어 무언가를
만들다'는 의미에서 발전해
'어떠한 상태로 만들다'라는
추상적인 의미로도 많이 쓰인다.

---

for

(효과를/분위기를) 자아내다/연출하다

- **make for a sexy look**
  섹시한 모습을 연출하다
- **make for comfort**
  안락함을 자아내다

- These cushions **make
  for** a comfortable living
  room.
  이 쿠션들은 안락한 거실을 연출해
  준다.

⊜ **evoke**

The fresh scent always
evokes a statement of
purity.
그 상큼한 냄새는 늘 순수함이라는 명
제를 자아낸다.

---

out

이해하다
해내다

- **make out his handwriting**
  그의 필체를 알아보다
- **make out the implication**
  숨겨진 의미를 이해하다

- Nobody can **make out**
  why he hired her.
  그가 왜 그 여자를 고용했는지 아무
  도 이해 못한다.
- I couldn't **make out** what
  he really meant.
  그 사람 의도가 무엇인지 나는 정말
  알 수가 없었다.

⊜ **understand**

If you can't **understand**
the answer, go ask your
teacher.
답을 이해할 수 없으면 선생님에게 물
어봐.

up

구성하다
날조하다, 꾸며대다

- make up an excuse
  변명을 꾸며내다
- make up stories
  이야기를 꾸며대다

- He had to make up a false identity to hide from the gangs.
  그는 갱들로부터 숨기 위해 가짜 신분을 만들어야 했다.
- You should make up a smile in front of the camera.
  카메라 앞에서는 미소를 지어 보여야 한다.

⊜ fabricate

How can she fabricate such a huge lie about me?
그 여자는 어쩌면 나에 대해서 그렇게 엄청난 거짓말을 할 수 있지?

up for

보충하다, 보완하다

- make up for classes
  (빠진) 수업을 보충하다
- make up for loss
  손실을 보상하다

- The organization is going to make up for the damages caused during the event.
  그 단체는 행사 동안 일어난 손해를 보상해 줄 것이다.
- You should make up for lost time.
  잃어버린 시간을 보충해야 한다.

⊜ compensate

Nothing can compensate the loss she suffered during the war.
어떤 것도 전쟁 중 그녀가 겪은 손실을 보상해 줄 수 없다.

up with

~와 화해하다

- kiss and make up with him
  그와 키스하고 화해하다
- a couple makes up with each other
  부부가 서로 화해하다

- She made up with her dad.
  그 여자는 아빠와 화해했다.
- The singer made up with her rival.
  그 가수는 자신의 라이벌과 화해했다.

⊜ reconcile with

The old man reconciled with his ex-wife before he died.
그 노인은 죽기 전에 전 부인과 화해했다.

step ① 대부분의 관광객들이 그 섬의 동쪽 해안으로 가는 경향이 있다.

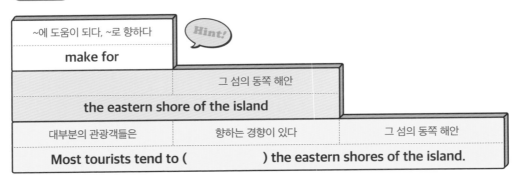

~에 도움이 되다, ~로 향하다 **Hint!**

make for

그 섬의 동쪽 해안

the eastern shore of the island

대부분의 관광객들은	향하는 경향이 있다	그 섬의 동쪽 해안

Most tourists tend to (　　　　　) the eastern shores of the island.

step ② 그는 눈보라 속에서 멀리 있는 오두막 한 채를 알아볼 수 있었다.

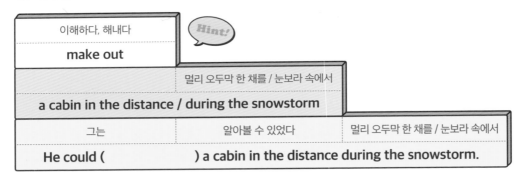

이해하다, 해내다 **Hint!**

make out

멀리 오두막 한 채를 / 눈보라 속에서

a cabin in the distance / during the snowstorm

그는	알아볼 수 있었다	멀리 오두막 한 채를 / 눈보라 속에서

He could (　　　　　) a cabin in the distance during the snowstorm.

step ③ 선생님은 학생들에게 짧은 대화를 스스로 만들어 보라고 했다.

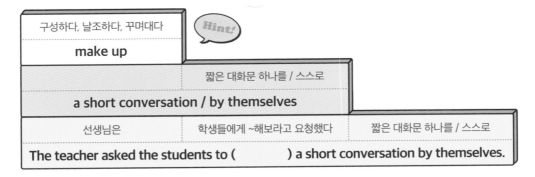

구성하다, 날조하다, 꾸며대다 **Hint!**

make up

짧은 대화문 하나를 / 스스로

a short conversation / by themselves

선생님은	학생들에게 ~해보라고 요청했다	짧은 대화문 하나를 / 스스로

The teacher asked the students to (　　　　　) a short conversation by themselves.

make 구동사를 사용하여 문맥에 맞게 박스를 채워 보세요.(make-made-made)

step ④ 아무리 많은 돈이라도 자식을 잃은 것을 보상할 수는 없다.

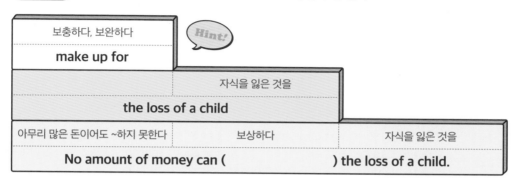

보충하다, 보완하다		
make up for		
	자식을 잃은 것을	
	the loss of a child	
아무리 많은 돈이어도 ~하지 못한다	보상하다	자식을 잃은 것을
No amount of money can (	**)**	**the loss of a child.**

step ⑤ 여자친구와 말다툼 후에 화해하는 것은 너무 힘들다.

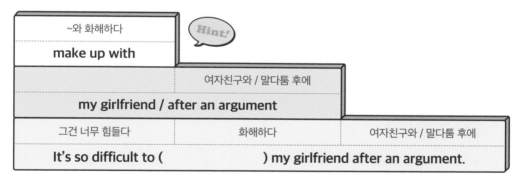

~와 화해하다		
make up with		
	여자친구와 / 말다툼 후에	
	my girlfriend / after an argument	
그건 너무 힘들다	화해하다	여자친구와 / 말다툼 후에
It's so difficult to (	**)**	**my girlfriend after an argument.**

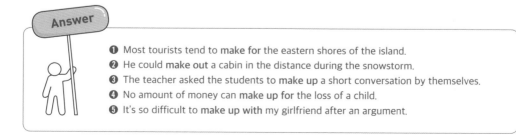

Answer

❶ Most tourists tend to **make for** the eastern shores of the island.
❷ He could **make out** a cabin in the distance during the snowstorm.
❸ The teacher asked the students to **make up** a short conversation by themselves.
❹ No amount of money can **make up for** the loss of a child.
❺ It's so difficult to **make up with** my girlfriend after an argument.

'look at, leave behind, go ahead, fill in, make up' 중에 알맞은 말을 골라 빈 박스를 채워 보세요.

Vicky	So, ❶ _____ _____ with your story. ❷ _____ me _____ on what happened in detail.
Meg	This Ally girl is just horrible. She copied everything from me – my business, my style and even the man I liked.
Vicky	How can that happen?
Meg	She played on my weakness and drove me to lose my temper. I told everything about Eric to her and taught her the A to Z about sponsors, their trends and important contacts. And now look! She has my job and Eric!
Vicky	Hmm… Meg, but if she ❸ _____ _____ everything like that, people will get to know her in the end, I think. If Eric ❹ _____ _____ a girl like that, then it's his decision and he'll pay for that. I can see you've been through the hardest time in your life, but forget him and move on!
Meg	It's just not fair!
Vicky	❺ _____ everything _____ now. Look ahead! You still have too many days left to waste in hatred and regret.

비키	자, 네 얘길 ❶ 해 봐. 무슨 일이 일어난 건지 자세히 ❷ 말해 줘.
메그	앨리라는 애는 정말 끔찍해. 내 걸 모두 베꼈어. 내 사업, 내 스타일 그리고 내가 좋아하던 남자까지.
비키	어떻게 그런 일이 있을 수 있어?
메그	내 약점을 이용해서 내가 감정을 자제하지 못하게 몰아갔어. 내가 에릭에 대한 모든 걸 그 여자한테 말해 주고 후원자랑 트렌드랑 중요한 연락처까지 처음부터 끝까지 다 가르쳐 줬거든. 근데 지금 봐! 내 일자리도 가져가고, 에릭도 빼앗아 갔잖아!
비키	흠…, 메그, 그 여자가 모든 것을 그렇게 ❸ <u>꾸민다면</u> 결국 사람들이 알게 될 거라고 생각해. 에릭이 그런 여자를 ❹ <u>좋아한</u>다면, 그건 그 사람 결정이고 그 대가를 치르겠지. 무척 힘든 일을 겪은 것 같은데 그 남자는 잊어버려. 지나간 일은 지나간 일이니까.
메그	너무 불공평해!
비키	다 ❺ <u>과거로 묻어 둬야지</u>. 앞을 봐! 증오와 후회로 낭비하기엔 아직 살날이 너무 많잖아.

have

take❷

set

hand

run❶

GROUP 08

take ②

take 는
물건이나 어떤 추상적인 의미를
'가져서 취하다'는 원형적인 의미를
가지고 있다.

off ❶

이륙하다
상승하다

- **a plane takes off**
  비행기가 이륙하다
- **a career takes off**
  경력이 상승가도이다

- The flight took off an hour ago.
  그 비행편이 한 시간 전에 이륙했다.
- India's economy is taking off.
  인도 경제는 상승가도를 달리고 있다.

⊜ **pick up**

The US economy is picking up pace after a long recession during the COVID-19 lockdown.
미국 경제는 코로나19 폐쇄 기간 동안 긴 불경기 이후 회복세를 보이고 있다.

off ❷

쉬다
* 특정 시간을 근무에 붙어(on) 있지 않고 떨어져(off) 있는 상태로, 근무하지 않고 쉬는 것을 의미한다.
* take 시간 off의 꼴로 쓴다.

- **take a day off**
  하루 일하지 않고 쉬다
- **take tomorrow off**
  내일 쉬다

- I'd like to take some time off in the afternoon.
  오후에 잠시 나갔다 오고 싶습니다.
- Can I take a day off next week?
  다음 주에 하루 월차 내도 돼요?

⊜ **be off duty**

Sally will be off duty next Wednesday.
다음 수요일에 샐리는 비번이야.

over

떠맡다, 인수하다

- **take over a project**
  프로젝트를 떠맡다
- **take over a company**
  회사를 인수하다

- Julia **took over** the job after Lisa left.
  리사가 떠난 후 줄리아가 그 일을 맡았다.
- Bruce **took over** the chairmanship of the committee.
  브루스는 그 위원회의 의장직을 맡았다.

⊜ **assume**

Fred Wilson will **assume** the role of executive director.
프레드 윌슨은 전무이사의 역할을 맡을 것이다.

on

떠맡다, 고용하다
흥분하다, 인기를 끌다
~와 대전하다

- **take on a role**
  역할을 떠맡다
- **take on someone your own size**
  덩치가 비슷한 누군가와 대결하다

- I can't **take on** any more work.
  나는 일을 더 맡을 수 없다.
- As the eldest daughter of the family, Alice **took on** all the responsibilities.
  그 가정의 장녀로서 앨리스는 그 모든 책임을 떠맡았다.

⊜ **face**

The world is now **facing** the unprecedented challenge of the spreading pandemic.
세계는 지금 확산되는 팬데믹이라는 유례없는 도전에 직면하고 있다.

up

(시간·장소를) 차지하다
습관을 들이다
시작하다

- **take up a lot of space**
  많은 공간을 차지하다
- **take up smoking**
  흡연을 시작하다

- Commuting to and from work **takes up** a great deal of time.
  직장으로 출퇴근하는 데 많은 시간이 든다.
- He recently **took up** hiking to keep fit.
  최근 그는 건강을 위해 하이킹을 시작했다.

⊜ **get down to**

It's time to **get down to** business.
본론에 들어갈 때가 되었다.

179

step 1 그 비행기는 그의 명령에 따라 언제든지 이륙할 준비가 되어 있었다.

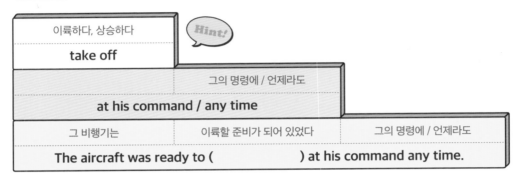

이륙하다, 상승하다
take off

Hint!

그의 명령에 / 언제라도
at his command / any time

그 비행기는	이륙할 준비가 되어 있었다	그의 명령에 / 언제라도

The aircraft was ready to (　　　　　) at his command any time.

step 2 제이크는 지난주에 장모님의 장례식에 참석하기 위해 하루 연차를 냈다.

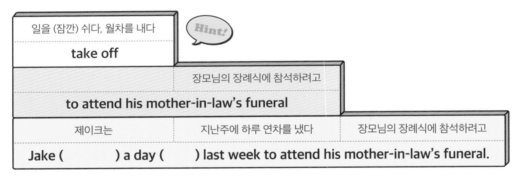

일을 (잠깐) 쉬다, 월차를 내다
take off

Hint!

장모님의 장례식에 참석하려고
to attend his mother-in-law's funeral

제이크는	지난주에 하루 연차를 냈다	장모님의 장례식에 참석하려고

Jake (　　　) a day (　　) last week to attend his mother-in-law's funeral.

step 3 차이나항공이 팬아시아항공을 인수할 것이라고 발표했다.

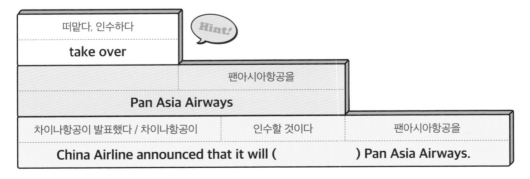

떠맡다, 인수하다
take over

Hint!

팬아시아항공을
Pan Asia Airways

차이나항공이 발표했다 / 차이나항공이	인수할 것이다	팬아시아항공을

China Airline announced that it will (　　　　　) Pan Asia Airways.

take 구동사를 사용하여 문맥에 맞게 박스를 채워 보세요.(take-took-taken)

step 4 어떤 주변국도 내전으로 인한 난민들을 기꺼이 맡으려 하지 않는다.

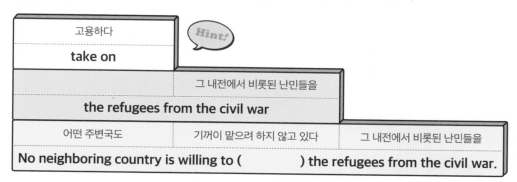

고용하다	Hint!	
take on		
	그 내전에서 비롯된 난민들을	
	the refugees from the civil war	
어떤 주변국도	기꺼이 맡으려 하지 않고 있다	그 내전에서 비롯된 난민들을

No neighboring country is willing to (   ) the refugees from the civil war.

step 5 과거가 현재를 너무 많이 차지하지 않도록 하라.

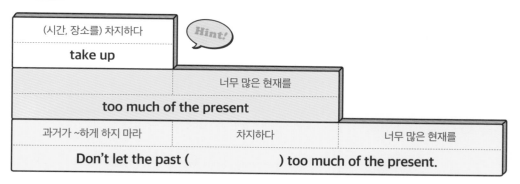

(시간, 장소를) 차지하다	Hint!	
take up		
	너무 많은 현재를	
	too much of the present	
과거가 ~하게 하지 마라	차지하다	너무 많은 현재를

Don't let the past (   ) too much of the present.

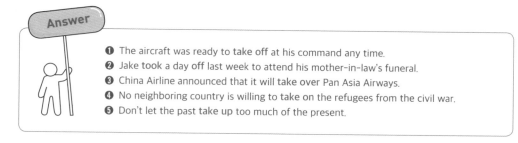

Answer

❶ The aircraft was ready to take off at his command any time.
❷ Jake took a day off last week to attend his mother-in-law's funeral.
❸ China Airline announced that it will take over Pan Asia Airways.
❹ No neighboring country is willing to take on the refugees from the civil war.
❺ Don't let the past take up too much of the present.

have

have 는
대상을 '가지다', '소유하다'는 의미를 가지고 있다. 대상의 상태를 '어떠하게 만들다', 대상의 상태를 '유지하다'는 의미로도 쓰인다.

on

(옷을) **입고 있다.**
* put on은 '걸치다'라는 동작을 나타내지만 have on은 '걸치고 있다'라는 상태를 나타낸다.

- **have a coat on**
  코트를 걸치고 있다
- **have a hair piece on**
  가발을 쓰고 있다

- Ralph **had** his pajamas **on.**
  랄프는 파자마 차림이었다.
- The boy **had** his overalls **on.**
  그 소년은 멜빵바지를 입고 있었다.

⊜ **be wearing**

Scarlet was wearing the costume of the Queen of Heart at the masked ball.
스칼렛은 그 가면무도회에서 하트의 여왕 의상을 입고 있었다.

out

(몸에서 무언가를) **들어내다, 제거하다**

- **have a tooth out**
  치아 하나를 뽑다
- **have an appendix out**
  맹장을 제거하다

- He **had** his wisdom tooth **out.**
  그는 사랑니를 뽑았다.
- He **had** a rotten tooth **out.**
  그는 충치를 제거했다.

⊜ **remove**

Doctors decided to remove the tumor.
의사들은 그 종양을 제거하기로 결정했다.

over

손님을 맞이하다

- **have the couple over for dinner**
  그 부부를 저녁 손님으로 맞다
- **have a friend over**
  친구를 집으로 오라고 하다

- The Joneses **had the couple over** for dinner.
  존스 부부는 저녁 손님으로 그 부부를 맞았다.
- He **had a friend over** to play cards together.
  그는 카드 게임을 같이 하려고 친구를 오라고 했다.

⊜ **come over**

Why don't you **come over** to my place this Saturday?
이번 토요일에 우리 집에 올래?

* have somebody over는 '누군가를 오라고 하다'라는 의미인 반면 come over는 '누군가가 (우리 집으로) 오다'라는 의미다.

to do with

~와 관계가 있다.

- **have to do with high blood pressure**
  고혈압과 관련이 있다
- **have something to do with exhaust gas**
  배기가스와 관련이 있다

- His dizziness **has to do with** high blood pressure.
  그의 현기증은 고혈압과 관련이 있다.
- His absence **has something to do with** his depression.
  그의 결석은 우울증과 관련이 있다.

⊜ **be concerned with**

Her first book was **concerned with** the First World War.
그녀의 첫 책은 1차 세계대전과 관련이 있다.

~down as

~를 ~로 잘못 알다

- **have her down as BTS ARMY**
  그녀를 아미(방탄소년단 팬)인 줄 알다
- **have him down as a savior**
  그를 구원자인줄 알다

- I never **had him down as** a liar.
  그를 거짓말쟁이로 여긴 적 없다.
- I always **had her down as** a feminist.
  그 여자를 늘 페미니스트라고 생각했다.

⊜ **mistake**

She **mistook** the man for a well-known actor.
그녀는 그 남자를 유명한 배우로 착각했다.

step 1 우리 할머니는 항상 집에서 앞치마를 입고 계셨다.

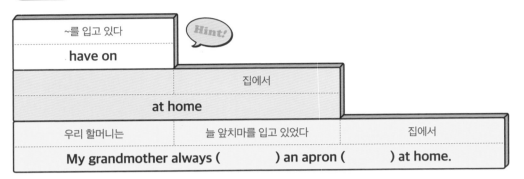

~를 입고 있다		
have on		
	집에서	
	at home	
우리 할머니는	늘 앞치마를 입고 있었다	집에서
My grandmother always (	**) an apron (**	**) at home.**

step 2 신디는 작년에 암으로 신장 하나를 제거했다.

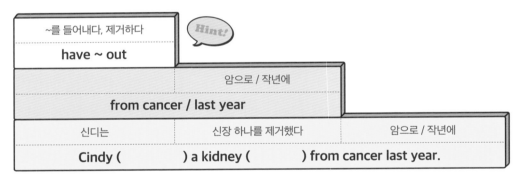

~를 들어내다, 제거하다		
have ~ out		
	암으로 / 작년에	
	from cancer / last year	
신디는	신장 하나를 제거했다	암으로 / 작년에
Cindy (	**) a kidney (**	**) from cancer last year.**

step 3 내 딸은 어제 가장 친한 친구를 손님으로 데리고 와서 자고 갔다.

손님을 맞이하다		
have over		
	자고 가라고 / 어제	
	for a sleepover / yesterday	
내 딸은	제일 친한 친구를 손님으로 데려왔다	자고 가라고 / 어제
My daughter (	**) her best friend (**	**) for a sleepover yesterday.**

step ④ 그 전화는 홍콩 시위와 관련이 있다.

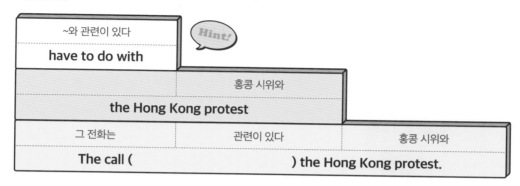

~와 관련이 있다		Hint!
have to do with		
	홍콩 시위와	
the Hong Kong protest		
그 전화는	관련이 있다	홍콩 시위와
The call (	) the Hong Kong protest.	

step ⑤ 그들은 그녀를 타이거 맘으로 잘못 알았다.

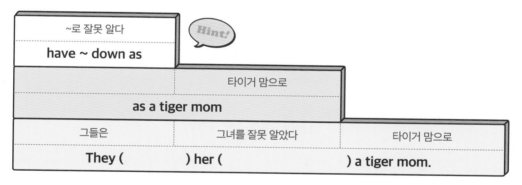

~로 잘못 알다		Hint!
have ~ down as		
	타이거 맘으로	
as a tiger mom		
그들은	그녀를 잘못 알았다	타이거 맘으로
They ( ) her (	) a tiger mom.	

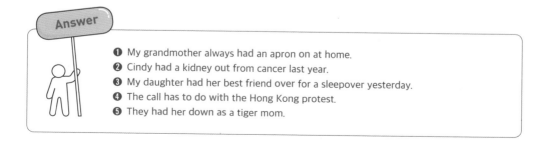

Answer

❶ My grandmother always had an apron on at home.
❷ Cindy had a kidney out from cancer last year.
❸ My daughter had her best friend over for a sleepover yesterday.
❹ The call has to do with the Hong Kong protest.
❺ They had her down as a tiger mom.

set

set 은
대상을 '어떠한 자리나 상황에 정
해서 두다'라는 의미로 쓰인다.
'조정하다', '맞추다'의 의미도 있다.

---

aside

챙겨 놓다
제쳐 두다
거절하다, 무시하다

- **set aside** money for his retirement
  그의 은퇴를 위해 돈을 저축
  하다
- **set aside** judgment
  판단을 유보하다

- The company **set aside** an additional 1 million dollars for employee benefits.
  그 회사는 직원 복지를 위해 백만 달
  러를 추가로 마련해 두었다.

⊜ keep~separately

She **kept** his meals **separately** in the refrigerator.
그녀는 그의 식사를 냉장고에 따로 보
관했다.

---

in

찾아오다
시작하다

- The rainy season has **set in.**
  우기가 시작되었다
- Depression **set in.**
  우울이 찾아왔다

- Age has **set in.**
  나이 먹고 있어.
- Lockdown blues have **set in,** and it's gnawing on my soul.
  록다운 우울이 찾아와 내 영혼을 갉
  아먹고 있다.

⊜ begin

The harshest winter has **begun.**
가장 혹독한 겨울이 시작되었다.

off

출발하다, 떠나다
일어나게 하다

- **set off** for Europe
유럽을 향해 출발하다
- **set off** a chemical reaction
화학 반응이 일어나게 하다

- They will **set off** on an expedition next Thursday.
다음 목요일에 그들은 여행을 떠날 것이다.
- Terrorists **set off** a bomb on the train in Spain.
테러리스트들이 스페인 기차에서 폭탄을 터트렸다.

⇔ **start**

The expedition **started** this morning in search of the remains.
그 탐험대는 오늘 아침 그 유적을 찾아 출발했다.

out

일을 시작하다
정리하다
출발하다

- **set out** to explain the plan
계획을 설명하기 시작하다
- **set out** for home
집으로 출발하다

- They **set out** standards for evaluation.
그들은 평가를 위한 기준을 마련했다.
- The explorers **set out** for the desert.
탐험가들이 그 사막을 향해 출발했다.

⇔ **undertake**

The global company **undertook** large-scale restructuring at its headquarters.
그 다국적 기업은 본사에서 대대적인 구조 조정에 착수했다.

up

시작하다
설치하다
준비하다

- **set up** a business
사업을 시작하다
- **set up** a booth
부스를 차리다

- He **set up** a venture firm in Silicon Valley.
그는 실리콘밸리에 벤처 회사를 설립했다.
- They are going to **set up** a pavilion in the Trade Fair.
그들은 그 무역 박람회에 전시관을 차릴 것이다.

⇔ **establish**

The organization **established** 12 branches in major cities throughout the nation.
그 단체는 전국 주요 도시에 12개의 지사를 설치했다.

step 1 제니는 읽고 있던 책을 밀어두었다.

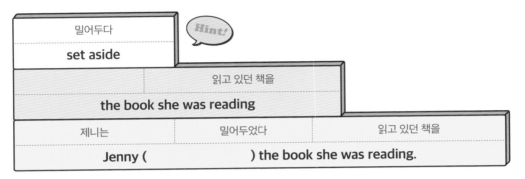

밀어두다 **Hint!**

set aside

읽고 있던 책을

the book she was reading

제니는	밀어두었다	읽고 있던 책을

Jenny (　　　　　　) the book she was reading.

step 2 여름의 무기력이 무더위와 함께 시작되었다.

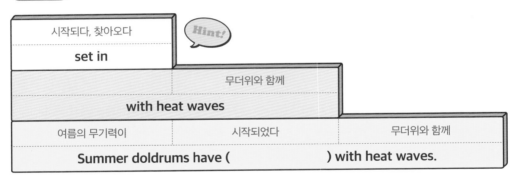

시작되다, 찾아오다 **Hint!**

set in

무더위와 함께

with heat waves

여름의 무기력이	시작되었다	무더위와 함께

Summer doldrums have (　　　　　　) with heat waves.

step 3 탐험가들은 엘도라도의 잃어버린 황금 도시를 찾기 위해 출발했다.

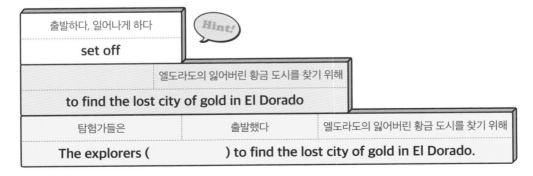

출발하다, 일어나게 하다 **Hint!**

set off

엘도라도의 잃어버린 황금 도시를 찾기 위해

to find the lost city of gold in El Dorado

탐험가들은	출발했다	엘도라도의 잃어버린 황금 도시를 찾기 위해

The explorers (　　　　　) to find the lost city of gold in El Dorado.

set 구동사를 사용하여 문맥에 맞게 박스를 채워 보세요.(set-set-set)

step 4 조사팀이 피해 규모를 파악하기 시작했다.

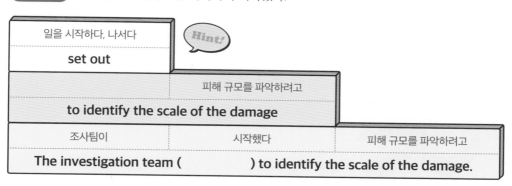

일을 시작하다, 나서다		
set out		
	피해 규모를 파악하려고	
to identify the scale of the damage		
조사팀이	시작했다	피해 규모를 파악하려고
The investigation team (	) to identify the scale of the damage.	

step 5 노엘은 별을 보기 위해 발코니에 망원경을 설치했다.

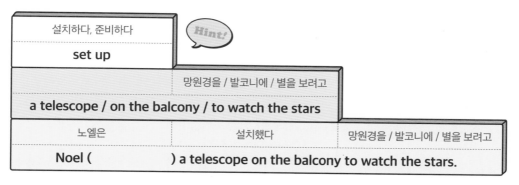

설치하다, 준비하다		
set up		
	망원경을 / 발코니에 / 별을 보려고	
a telescope / on the balcony / to watch the stars		
노엘은	설치했다	망원경을 / 발코니에 / 별을 보려고
Noel (	) a telescope on the balcony to watch the stars.	

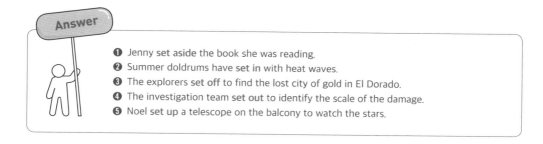

Answer

❶ Jenny set aside the book she was reading.
❷ Summer doldrums have set in with heat waves.
❸ The explorers set off to find the lost city of gold in El Dorado.
❹ The investigation team set out to identify the scale of the damage.
❺ Noel set up a telescope on the balcony to watch the stars.

39 run ①

run 은

기본적으로 '재빨리 움직여 뛰다', '달리다'의 의미를 가지고 있다. 어떤 것이 끊이지 않고 계속 이어지는 상태를 나타낼 때도 쓰인다.

across

우연히 만나다
찾아내다

- **run across** old friends
  옛 친구들과 우연히 마주치다
- **run across** a problem
  문제를 우연히 찾아내다

- I just **ran across** a site that has information on the notorious murder.
  그 악명 높은 살인에 대한 정보가 있는 사이트를 우연히 발견했다.

⊜ **meet accidentally**

I **met** my old friend from high school **accidentally** at the conference.
나는 고등학교 친구를 그 회의에서 우연히 만났다.

away

달아나다

- **run away** from home
  가출하다
- **run away** from his responsibility
  그의 책임을 회피하다

- The boy **ran away** from home at 11.
  그 소년은 11살에 가출했다.
- The manager **ran away** from making decisions.
  그 경영자는 결정을 내리는 것을 회피했다.

⊜ **escape**

Scofield walked into the prison to help his brother **escape**.
스코필드는 자기 형을 탈출시키기 위해 감옥에 들어갔다.

down

~를 조사하다
쇠약하게 하다/쇠약해지다

- **run down the case**
  그 사건을 샅샅이 조사하다

- **run him down**
  그를 쇠잔하게 만들다

- The police are **running down** all the clues one by one.
  경찰은 모든 단서를 하나씩 조사하고 있다.

- His long illness is **running him down**.
  오랜 병이 그를 쇠약하게 만들고 있다.

⇔ **investigate thoroughly**

Experts have been called in to **investigate** the case **thoroughly**.
그 사건을 철저히 조사하기 위해 전문가들이 소환되었다.

into

~와 우연히 만나다
~한 상태에 빠지다

- **run into my teacher**
  선생님을 우연히 만나다

- **run into danger**
  위험에 빠지다

- I **ran into** my boss at a downtown club.
  나는 시내 클럽에서 상사와 우연히 마주쳤다.

- Our project **ran into** another problem.
  우리 프로젝트는 또 다른 문제에 부딪혔다.

off

출력하다
떠나다

- **run off the document**
  그 문서를 출력하다

- **run off with the driver**
  운전사와 함께 떠나다

- Could you **run off** three more copies of the presentation materials?
  프레젠테이션 자료를 3부 더 출력해 줄래요?

- His wife **ran off with** her golf coach.
  그의 아내는 골프 코치와 함께 떠났다.

⇔ **print out**

She **printed out** 10 copies of the minutes.
그녀는 회의록 10부를 출력했다.

step ① 매트는 어느 헌책방에서 우연히 《두 도시 이야기》 초판을 발견했다.

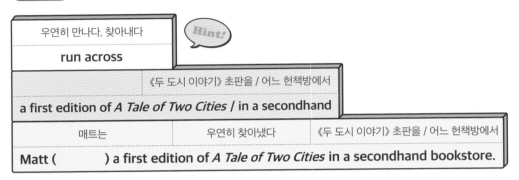

우연히 만나다, 찾아내다	Hint!
run across	

	《두 도시 이야기》 초판을 / 어느 헌책방에서
a first edition of *A Tale of Two Cities* / in a secondhand	

매트는	우연히 찾아냈다	《두 도시 이야기》 초판을 / 어느 헌책방에서
Matt (　　　) a first edition of *A Tale of Two Cities* in a secondhand bookstore.		

step ② 매리는 폭력적인 남편에게서 간신히 달아났다.

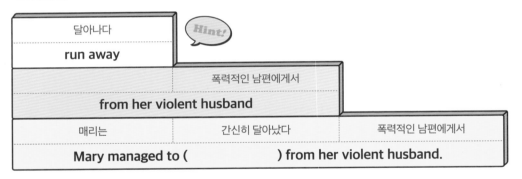

달아나다	Hint!
run away	

	폭력적인 남편에게서
from her violent husband	

매리는	간신히 달아났다	폭력적인 남편에게서
Mary managed to (　　　　　) from her violent husband.		

step ③ 오늘 오후에 내 차의 배터리가 다 되었다.

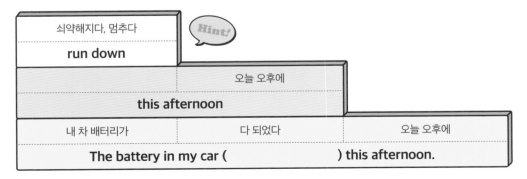

쇠약해지다, 멈추다	Hint!
run down	

	오늘 오후에
this afternoon	

내 차 배터리가	다 되었다	오늘 오후에
The battery in my car (　　　　　　) this afternoon.		

step ④ 빚에 빠지지 않도록 조심해.

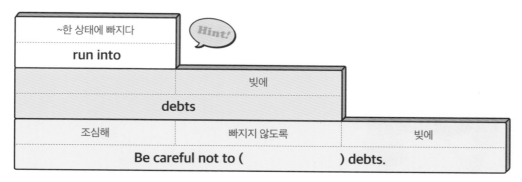

~한 상태에 빠지다	Hint!
run into	

	빚에	
debts		

조심해	빠지지 않도록	빚에
Be careful not to (	**)**	**debts.**

step ⑤ 회계 관리자는 사장 금고에 있는 현금을 가지고 달아났다.

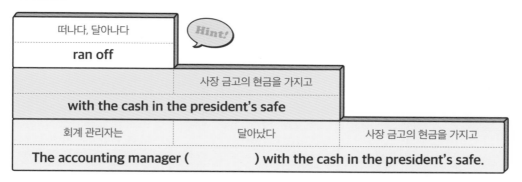

떠나다, 달아나다	Hint!
ran off	

	사장 금고의 현금을 가지고	
with the cash in the president's safe		

회계 관리자는	달아났다	사장 금고의 현금을 가지고
The accounting manager (	**)**	**with the cash in the president's safe.**

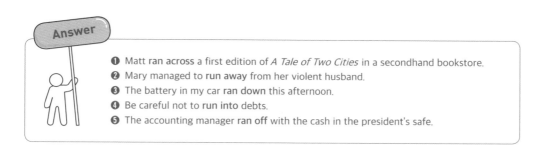

Answer

❶ Matt **ran across** a first edition of *A Tale of Two Cities* in a secondhand bookstore.
❷ Mary managed to **run away** from her violent husband.
❸ The battery in my car **ran down** this afternoon.
❹ Be careful not to **run into** debts.
❺ The accounting manager **ran off** with the cash in the president's safe.

hand

back

down

hand 는

'손'이라는 명사에서 발전된 동사인 만큼 손을 내밀어 어떤 물건이나 대상을 '건네주다'라는 의미의 숙어를 주로 만든다.

back

돌려주다, 반환하다

- hand back the visitor's pass
  방문자 출입증을 반납하다
- hand back the borrowed items
  빌린 물품들을 돌려주다

- The property was handed back to its original owner before the war.
  그 부동산은 전쟁 전의 원주인에게 반환되었다.

⊜ **return**

Please return the survey in the attached envelope.
동봉된 봉투에 넣어 설문지를 반송해 주세요.

down

물려주다

- hand down a ring
  반지를 물려주다
- a tale handed down from generation to generation
  여러 세대에 걸쳐 전해지는 이야기

- The family is proud of their recipes that have been handed down.
  그 가문은 수백 년 동안 전해져 내려온 조리법을 자랑스러워한다.

⊜ **bequeath to one's heir**

in

제출하다, 건네주다

- **hand in a paper**
  리포트를 제출하다
- **hand in a resignation**
  사표를 내다

- She **handed in** the first draft yesterday.
  그 여자는 어제 초고를 제출했다.
- The students should **hand in** three essays in that class.
  학생들은 그 수업에서 에세이 3개를 제출해야 한다.

⊜ **submit**

He hasn't **submitted** his expense report for the last business trip.
그는 지난번 출장 비용 보고서를 제출하지 않았다.

out

나눠주다, 배포하다
* handout은 명사로 '유인물', 특히 '수업 시간에 나눠준 프린트물'을 의미한다.

- **hand out worksheets**
  연습용 유인물을 나눠주다
- **hand out coupons**
  쿠폰을 나눠주다

- The instructor **handed out** two manuals.
  강사는 매뉴얼 두 개를 나눠주었다.
- She **hands out** free flower seeds every spring.
  그녀는 봄마다 꽃씨를 무료로 나눠준다.

⊜ **give out**

The guest speaker **gave out** small packets of promotional materials.
그 연사는 작은 홍보 자료 꾸러미들을 나눠주었다.

over

넘겨주다, 양도하다, 인계하다

- **hand over information**
  정보를 넘겨주다
- **hand over the war criminal**
  전범을 인도하다

- The company **handed over** their user data to a card company.
  그 회사는 사용자 데이터를 카드 회사에 넘겼다.
- He is not going to **hand over** his power to his daughter.
  그는 권력을 자기 딸에게 넘겨주지 않을 것이다.

step 1 70세 이상의 운전자들은 운전면허증을 반납해야 한다.

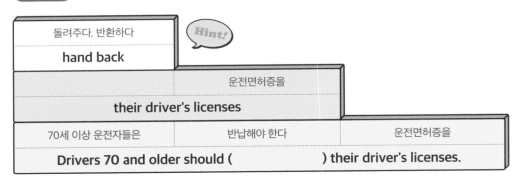

돌려주다, 반환하다	Hint!
hand back	

	운전면허증을
	their driver's licenses

70세 이상 운전자들은	반납해야 한다	운전면허증을
Drivers 70 and older should (	**)**	**their driver's licenses.**

step 2 그 목걸이는 5대에 걸쳐 전해 내려온 것이다.

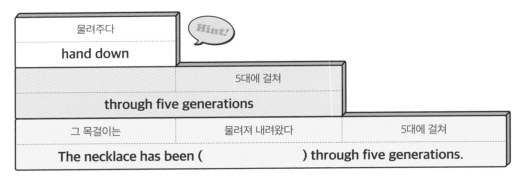

물려주다	Hint!
hand down	

	5대에 걸쳐
	through five generations

그 목걸이는	물려져 내려왔다	5대에 걸쳐
The necklace has been (	**)**	**through five generations.**

step 3 주민들은 그 재개발 계획에 대한 청원서를 제출했다.

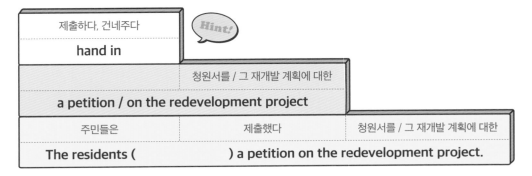

제출하다, 건네주다	Hint!
hand in	

	청원서를 / 그 재개발 계획에 대한
	a petition / on the redevelopment project

주민들은	제출했다	청원서를 / 그 재개발 계획에 대한
The residents (	**)**	**a petition on the redevelopment project.**

step ④ 구세군은 지나가는 사람들에게 전단지를 나누어 주었다.

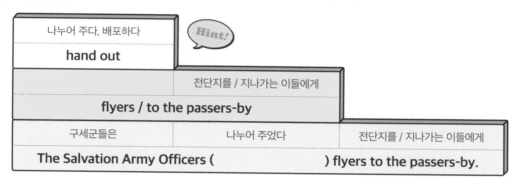

나누어 주다, 배포하다

hand out

Hint!

전단지를 / 지나가는 이들에게

flyers / to the passers-by

구세군들은	나누어 주었다	전단지를 / 지나가는 이들에게
The Salvation Army Officers (	) flyers to the passers-by.	

step ⑤ 그 그룹 총수는 일 년 안에 후임자에게 인계할 것이다.

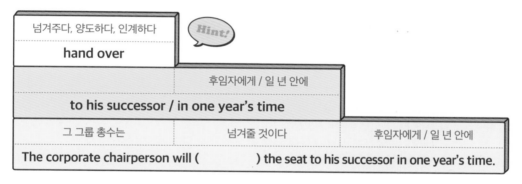

넘겨주다, 양도하다, 인계하다

hand over

Hint!

후임자에게 / 일 년 안에

to his successor / in one year's time

그 그룹 총수는	넘겨줄 것이다	후임자에게 / 일 년 안에
The corporate chairperson will (	) the seat to his successor in one year's time.	

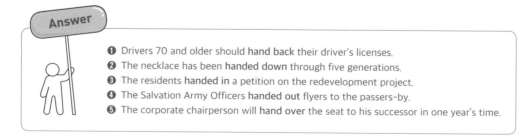

Answer

❶ Drivers 70 and older should **hand back** their driver's licenses.
❷ The necklace has been **handed down** through five generations.
❸ The residents **handed in** a petition on the redevelopment project.
❹ The Salvation Army Officers **handed out** flyers to the passers-by.
❺ The corporate chairperson will **hand over** the seat to his successor in one year's time.

'take off, have to do with, set up, hand over, run across' 중에 알맞은 말을 골라 빈 박스를 채워 보세요.

Ally   Marge, I'm ❶ _____ a week _____ next month.

Marge   Didn't you ❷ _____ _____ a promotion campaign next month?

Ally   It's been delayed to October. Instead, I'm attending an international forum on online advertising in September.

Marge   Wow, your career is on the rise! Good for you!

Ally   It's just because my next job ❸ _____ _____ _____ _____ the online side. When it comes to my career, I owe a lot to people around me.

Marge   That's very sweet of you, Ally.

Ally   Because I'll be away, I was told to ❹ _____ _____ the Peterson Project to Bill Meyers. Well, what does Sam say about this new man? Is he doing well?

Marge   Yes, Sam says Bill is doing just great.

Ally   Okay. Thanks, Marge.

앨리   마지, 나 다음 달에 한 주 ❶ 쉬어요.
마지   다음 달에 홍보 캠페인을 ❷ 정해놓지 않았어?
앨리   그건 10월로 연기됐어요. 대신 9월에 온라인 홍보에 대한 국제 포럼에 참가할 거예요.
마지   와, 이제 경력에 날개를 달았구나! 잘됐어!
앨리   그냥 다음번 일이 온라인 쪽이랑 ❸ 관련이 있어서 그래요. 제 경력에 대해서 말하자면 주변 사람들 덕분이죠.
마지   참 맘씨도 예쁘지, 앨리.
앨리   제가 출장 갈 거라서 피터슨 건은 빌 마이어스에게 ❹ 넘기라고 그러더라고요. 근데, 샘이 이 새로 들어온 직원에 대해서 뭐라던가요? 일 잘한데요?
마지   응. 샘이 그러는데 빌은 일 정말 잘한대.
앨리   알았어요. 고마워요, 마지.

어휘 promotion 홍보, 승진, 진급 **delay** 미루다, 연기하다 **attend** 참석하다 **forum** 포럼 **surely** 확실히, 꼭

정답 ❶ taking off ❷ set up ❸ has to do with ❹ hand over 'take off, have to do with, set up, hand over, run across' 중에 알맞은 말을 골라 빈 박스를 채워 보세요.

Ally	Hi, Bill. Take a seat. Just call me Ally.
Bill	Urm, hi, Ally!
Ally	Ms. Willard told me to ❶＿＿＿＿＿＿ ＿＿＿＿＿＿ this project to you because you can handle it. I'm leaving for Amsterdam to attend an international forum when the project launches. So it's better you handle it from the start as Willard pointed out.
Bill	Right. Can I have a look at it and come back to you with any questions? I'd like to get the feel of the project by myself and discuss it with you.
Ally	Well, it's OK with me. Uh, but I want you to know that it was Meg, not me, who drew up the first draft, so I don't know much about the details of every promotion item. But the Peterson people think it was me. It was Ms. Willard's idea to smooth communication with them now that she is not here.
Bill	I see. Then, if I ❷＿＿＿＿＿＿ ＿＿＿＿＿＿ some items that I'm not clear on, I'll do some research and add the necessary reference information.
Ally	Great! And I'd appreciate it if you would report the references to me.
Bill	No problem.

앨리 안녕하세요, 빌. 앉아요. 그냥 앨리라고 부르세요.

빌 어, 안녕하세요, 앨리!

앨리 윌러드 씨가 이 프로젝트를 당신에게 ❶넘기라고 했어요. 당신이 맡을 수 있을 거라고요. 이 프로젝트가 시작될 때 나는 국제 포럼 참석을 위해 암스테르담에 가거든요. 그러니까 윌러드가 지시한 대로 당신이 처음부터 맡는 게 좋겠어요.

빌 알겠습니다. 보고 질문이 있으면 다시 와도 될까요? 프로젝트를 파악하고 나서 당신과 얘기를 나눴으면 좋겠는데요.

앨리 뭐, 좋아요. 아, 그런데 이 초안을 만든 건 내가 아니라 메그라는 걸 알고 있으면 좋겠네요. 그래서 내가 홍보 아이템 전부를 세세히 알진 못해요. 하지만 피터슨 사람들은 내가 작성한 줄 알죠. 윌러드 씨가 이제 메그는 근무하지 않으니 피터슨 측과 의사소통을 매끄럽게 하려면 그렇게 하자고 했어요.

빌 알겠습니다. 그럼 확실하지 않은 아이템이 ❷나오면 제가 조사해서 필요한 정보를 더할게요.

앨리 좋아요! 그리고 그 자료들을 내게 보고해 주면 고맙겠어요.

빌 물론이죠.

어휘 **handle** 다루다, 처리하다 **draw up** (문서를) 작성하다, (계획을) 짜다 **draft** 초안 **add** 더하다, 추가하다 **reference** 참조 **appreciate** 고맙게 생각하다, 감사하다

정답 ❶ hand over ❷ run across

send

stay

stand

fit

run ❷

GROUP 09

send

send 는

본인 또는 다른 사람을 시켜서
무언가를 '전달하도록 하다'라는
의미로 쓰인다.

back

반품하다, 돌려보내다

- **send back** the order
  주문한 상품을 돌려보내다
- **send** my food **back**
  음식을 물리다

- She **sent back** the dress
  because it didn't fit her.
  그 여자는 원피스가 맞지 않아서 반
  품했다.
- Customers can **send back**
  products within 5 days of
  purchase.
  고객들은 구입 후 5일 이내에 상품을
  반품할 수 있다.

⊜ return

They decided to **return**
the money donated by the
politician.
그들은 그 정치인이 기부한 돈을 되돌
려주기로 결정했다.

for

~를 부르러 보내다
보내달라고 요구하다

- **send for** a doctor
  의사를 부르러 보내다
- **send for** a catalog
  카탈로그를 보내달라고 요구하다

- They **sent for** his family
  as his condition was
  critical.
  그의 상태가 위중해서 그들은 그의
  가족을 부르러 보냈다.
- She **sent for** a sample
  before placing an order.
  그녀는 주문을 넣기 전에 샘플을 보
  내달라고 요구했다.

off

발송하다
보내버리다

- **send off the application**
  지원서를 발송하다
- **send off their daughter
  to a summer camp**
  그들은 딸을 여름 캠프에 보냈다

- **He sent off his portfolio
  to the school.**
  그는 자신의 포트폴리오를 학교에 발송했다.
- **They sent off their son to
  a boarding school.**
  그들은 아들을 기숙 학교에 보냈다.

out

발송하다, 파견하다
(향기 등을) 발하다
(싹을) 내다

- **send out a signal**
  신호를 보내다
- **send out invoices**
  송장을 발송하다
- **send out buds**
  싹을 틔우다

- **The office sent out about
  1,000 invitations to their
  customers.**
  그 사무실은 고객들에게 천여 통의
  초대장을 발송했다.
- **The tree began to send
  out shoots.**
  그 나무는 새순을 틔우기 시작했다.

⊜ **produce**

The insect produces
special hormones to
attract mates.
곤충은 짝을 끌어들이기 위해 특수한
호르몬을 발산한다.

up

올려보내다
투옥시키다

- **send up smoke**
  연기를 내다
- **send him up for 3 years**
  그를 3년 투옥시키다

- **The volcano sent up
  clouds of steam and ash.**
  그 화산은 증기와 재로 된 엄청난 구름을 방출했다.
- **George was sent up for
  tax evasion.**
  조지는 탈세로 투옥되었다.

⊜ **put ~ in prison**

He was put in prison for
7 years.
그는 7년 동안 투옥되었다.

step ❶ 생존자들은 내전이 끝나자 고향으로 보내졌다.

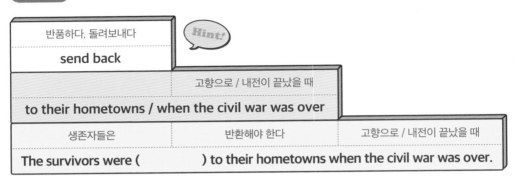

반품하다, 돌려보내다	Hint!
send back	

	고향으로 / 내전이 끝났을 때
to their hometowns / when the civil war was over	

생존자들은	반환해야 한다	고향으로 / 내전이 끝났을 때
The survivors were ( ) to their hometowns when the civil war was over.		

step ❷ 그 노파는 책을 읽을 수 있는 유일한 사람인 찰리를 불렀다.

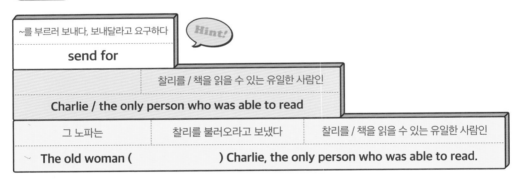

~를 부르러 보내다, 보내달라고 요구하다	Hint!
send for	

	찰리를 / 책을 읽을 수 있는 유일한 사람인
Charlie / the only person who was able to read	

그 노파는	찰리를 불러오라고 보냈다	찰리를 / 책을 읽을 수 있는 유일한 사람인
The old woman ( ) Charlie, the only person who was able to read.		

step ❸ 그 소대는 라이언 일병을 구하기 위해 적진 깊숙이 보내졌다.

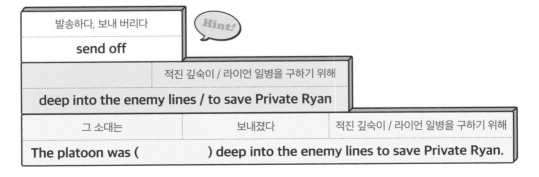

발송하다, 보내 버리다	Hint!
send off	

	적진 깊숙이 / 라이언 일병을 구하기 위해
deep into the enemy lines / to save Private Ryan	

그 소대는	보내졌다	적진 깊숙이 / 라이언 일병을 구하기 위해
The platoon was ( ) deep into the enemy lines to save Private Ryan.		

step 4 쓰레기가 역겨운 냄새를 풍겼다.

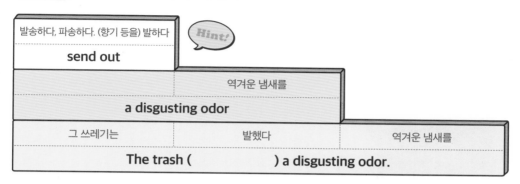

발송하다, 파송하다. (향기 등을) 발하다	Hint!	
send out		
	역겨운 냄새를	
a disgusting odor		
그 쓰레기는	발했다	역겨운 냄새를
The trash ( ) a disgusting odor.		

step 5 새로운 인공위성이 지구 궤도로 발사될 것이다.

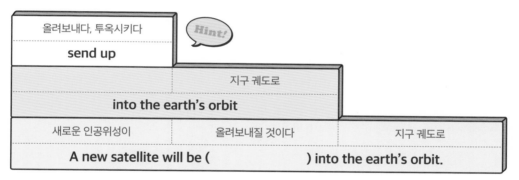

올려보내다, 투옥시키다	Hint!	
send up		
	지구 궤도로	
into the earth's orbit		
새로운 인공위성이	올려보내질 것이다	지구 궤도로
A new satellite will be ( ) into the earth's orbit.		

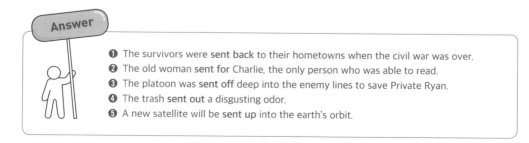

Answer

❶ The survivors were **sent back** to their hometowns when the civil war was over.
❷ The old woman **sent for** Charlie, the only person who was able to read.
❸ The platoon was **sent off** deep into the enemy lines to save Private Ryan.
❹ The trash **sent out** a disgusting odor.
❺ A new satellite will be **sent up** into the earth's orbit.

fit

fit 은

무언가 혹은 누군가에게 '모양이나 사이즈가 꼭 맞다'라는 의미로 쓰인다.

in ❶

꼭 들어맞다
끼워 넣다

- **fit in at the new school**
  새 학교에 적응하다
- **She couldn't fit in at her new company.**
  그녀는 새로운 직장에 적응하지 못했다

- **Four children managed to fit in the back of the car.**
  네 명의 아이들이 그 차 뒤에 간신히 끼어 앉았다.
- **This battery doesn't fit in.**
  이 건전지는 안 맞아.

🔁 adapt oneself to

The boy adapted himself very well to the school in a year.
그 소년은 1년 만에 학교에 아주 잘 적응했다.

in ❷

시간을 내서 맞춰 넣다
* 병원 appointment(예약)에 올려주거나 비즈니스 약속을 할 때 많이 쓴다.

- **fit you in on Tuesday morning**
  화요일 아침 (일정)에 당신을 넣어줄 수 있다
- **fit her into his schedule**
  그의 스케줄에 그 여자를 넣어주다

- **Let me see if I can fit you in.**
  당신을 (스케줄에) 넣어줄 수 있는지 볼게요.
- **We will try to fit you in when you arrive.**
  도착하시면 시간을 내드릴게요.

in with

~와 어울리다
~와 잘 맞아 떨어지다

- **fit in with** the new students
  신입생들과 어울리다
- **fit in with** my friends
  내 친구들과 어울리다

- His techniques nicely **fit in with** my processes.
  그의 테크닉은 내 과정들과 잘 맞아 떨어졌다.
- The music didn't **fit in with** the movie.
  그 음악은 그 영화에 어울리지 않았다.

⊜ **match**

The curtains **match** the living room very well.
그 커튼은 거실과 아주 잘 어울린다.

out with

~에 (장비를) 갖추어 주다

- be **fitted out with** a non-current heater
  무시동 히터를 갖추다
- be **fitted out with** plants
  식물들이 갖춰져 있다

- The nursery is **fitted out with** large indoor play areas.
  그 유치원에는 넓은 실내 놀이 구역이 갖춰져 있다.
- The washing machine is **fitted out with** an automatic self-cleaning function.
  그 세탁기는 자동 세척 기능이 갖춰져 있다.

⊜ **equipped with**

The workshop is well **equipped with** state-of-the-art machines and devices.
그 공방은 최첨단 기계와 장치들이 잘 구비되어 있다.

up

장비(채비)를 갖춰 주다
공급하다
(영국 영어)

- **fit** us **up**
  우리에게 갖춰 주다
- **fit** us **up** with equipment for our experiment
  우리에게 실험 장비들을 갖춰 주다

- The sponsors **fitted** him **up** with all the gear for the match.
  그 후원자들은 그에게 시합에 필요한 모든 장비를 갖춰 주었다.
- They decided to **fit up** the school with computers.
  그들은 학교에 컴퓨터를 갖춰 주기로 결정했다.

⊜ **provide with**

The organization **provides** the homeless **with** meals.
그 단체는 노숙자들에게 무료 식사를 제공한다.

step 1 의자 두 개를 더 넣을 수 있을까요?

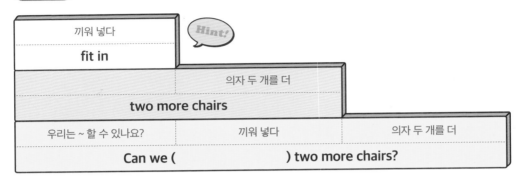

끼워 넣다	Hint!
fit in	

	의자 두 개를 더
two more chairs	

우리는 ~ 할 수 있나요?	끼워 넣다	의자 두 개를 더
Can we (	**)**	**two more chairs?**

step 2 아침 식사 전에 요가 시간을 끼워 넣고 싶어요.

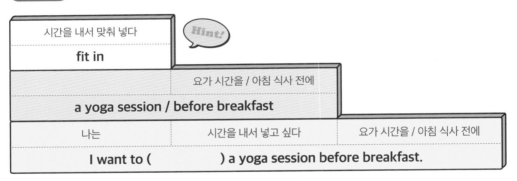

시간을 내서 맞춰 넣다	Hint!
fit in	

	요가 시간을 / 아침 식사 전에
a yoga session / before breakfast	

나는	시간을 내서 넣고 싶다	요가 시간을 / 아침 식사 전에
I want to (	**)**	**a yoga session before breakfast.**

step 3 한국의 건축물들은 주변 자연환경과 잘 어울린다.

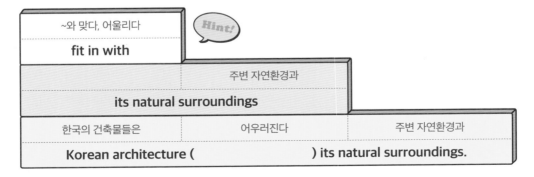

~와 맞다, 어울리다	Hint!
fit in with	

	주변 자연환경과
its natural surroundings	

한국의 건축물들은	어우러진다	주변 자연환경과
Korean architecture (	**)**	**its natural surroundings.**

fit 구동사를 사용하여 문맥에 맞게 박스를 채워 보세요.(fit-fitted-fit)

step 4 모든 객실에는 샤워기와 위성 TV가 설치되어 있다.

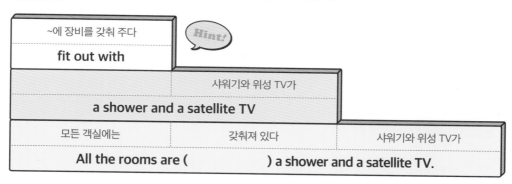

~에 장비를 갖춰 주다	Hint!	
fit out with		
	샤워기와 위성 TV가	
a shower and a satellite TV		
모든 객실에는	갖춰져 있다	샤워기와 위성 TV가
All the rooms are (	) a shower and a satellite TV.	

step 5 한국에서는 보통 결혼할 때 남자는 살 곳을 마련하고 여자는 그 공간을 채운다.

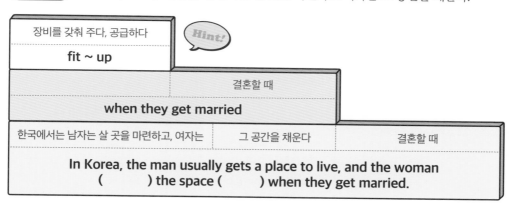

장비를 갖춰 주다, 공급하다	Hint!	
fit ~ up		
	결혼할 때	
when they get married		
한국에서는 남자는 살 곳을 마련하고, 여자는	그 공간을 채운다	결혼할 때
In Korea, the man usually gets a place to live, and the woman ( ) the space ( ) when they get married.		

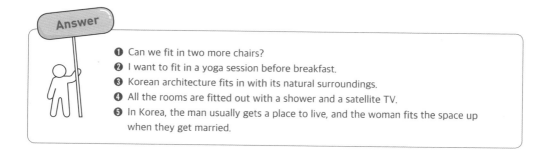

Answer

❶ Can we fit in two more chairs?
❷ I want to fit in a yoga session before breakfast.
❸ Korean architecture fits in with its natural surroundings.
❹ All the rooms are fitted out with a shower and a satellite TV.
❺ In Korea, the man usually gets a place to live, and the woman fits the space up when they get married.

stand

stand 는

'어떠한 상태를 유지함' 또는 '땅을 짚거나 다리를 이용해 바로 있게 함'의 의미로 쓰인다.

by

방관하다
편들다

- **stand by and let it happen**
  방관으로 그 일이 일어나게 만들다
- **stand by his plan**
  그의 계획을 지지하다

- **She just stood by and said nothing.**
  그 여자는 그저 방관한 채 아무 말도 하지 않았다.
- **He stood by Japan's nuclear principles.**
  그는 일본의 핵 원칙을 지지했다.

⊜ **support**

The citizen groups are supporting a new candidate from the socialist party.
시민단체들은 사회당 출신의 새로운 후보를 지지하고 있다.

for

지지하다
나타내다

- **stand for freedom**
  자유를 지지하다
- **stand for the candidate**
  그 후보를 지지하다

- **They stood for the Peace Party.**
  그들은 평화당을 지지했다.
- **GM stands for 'genetically modified.'**
  GM은 '유전적으로 변형된'을 의미한다.

⊜ **represent**

We need someone to represent our rights in the public hearing.
우리는 그 공청회에서 우리의 권리를 대변해 줄 누군가가 필요하다.

out

튀다, 두드러지다

- **someone stands out**
  누군가 튀다
- **one's style or behavior stands out**
  스타일이나 행동이 튀다

- He really **stood out** from the rest of the group.
  그는 그룹의 나머지 사람들 중에서 정말 두드러졌다.
- Don't **stand out**.
  괜히 튀지 마.

⊜ **distinguish oneself**

In Asian cultures, it is not recommended to **distinguish yourself** too much.
아시아 문화권에서는 지나치게 튀는 것은 권장되지 않는다.

up

바람맞히다

- **stand him up**
  그를 바람맞히다
- **be stood up**
  바람맞다

- I didn't mean to **stand him up**.
  그를 바람맞히려고 한 건 아니야.
- That girl **stood me up** for the 4th time.
  그 여자애는 나를 네 번째 바람맞혔어.

up for

옹호하다, 편들다

- **stand up for democracy**
  민주주의를 옹호하다
- **stand up for children's education**
  아동 교육을 옹호하다

- They **stood up for** equal opportunity.
  기회 균등을 옹호하다.
- She **stood up for** what was right.
  그 여자는 옳은 것을 옹호했다.

⊜ **side with**

He was forced to side with one party.
그는 한쪽 당을 편들라는 강요를 받았다.

211

step 1 위기 동안 진성 고객들이 우리를 지지해 주었다.

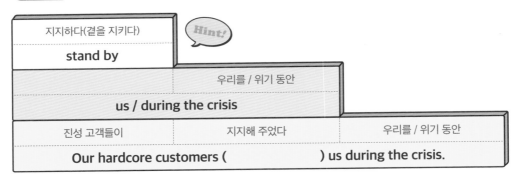

지지하다(곁을 지키다)			Hint!
stand by			

	우리를 / 위기 동안	
	us / during the crisis	

진성 고객들이	지지해 주었다	우리를 / 위기 동안
Our hardcore customers (	**)**	**us during the crisis.**

step 2 GMT는 그리니치 표준시를 의미한다.

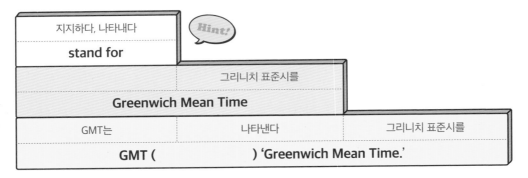

지지하다, 나타내다		Hint!
stand for		

	그리니치 표준시를	
	Greenwich Mean Time	

GMT는	나타낸다	그리니치 표준시를
GMT (	**)**	**'Greenwich Mean Time.'**

step 3 그녀는 독특한 패션 스타일로 사람들 속에서 눈길을 끌었다.

튀다, 두드러지다		Hint!
stand out		

	사람들 속에서 / 독특한 패션 스타일로	
	in the crowd / for her unique fashion style	

그녀는	튀었다	사람들 속에서 / 독특한 패션 스타일로
She (	**)**	**in the crowd for her unique fashion style.**

stand 구동사를 사용하여 문맥에 맞게 박스를 채워 보세요.(stand-stood-stood)

step 4 스탠은 리즈가 다음 데이트 때 그를 또 바람맞힐까봐 걱정하고 있다.

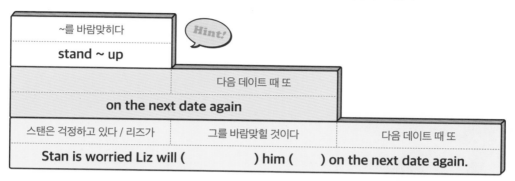

~를 바람맞히다		_Hint!_
stand ~ up		
	다음 데이트 때 또	
on the next date again		
스탠은 걱정하고 있다 / 리즈가	그를 바람맞힐 것이다	다음 데이트 때 또
Stan is worried Liz will (	**) him (**	**) on the next date again.**

step 5 트위터는 미얀마를 지지한다는 해시태그로 가득하다.

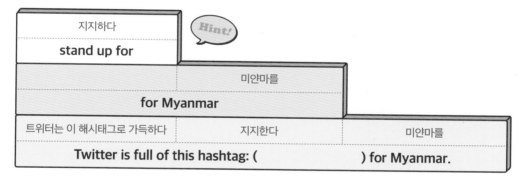

지지하다		_Hint!_
stand up for		
	미얀마를	
for Myanmar		
트위터는 이 해시태그로 가득하다	지지한다	미얀마를
Twitter is full of this hashtag: (	**) for Myanmar.**	

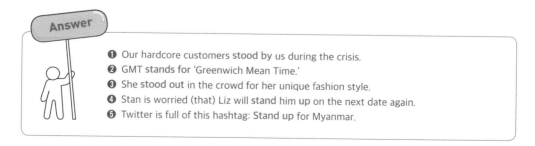

Answer

❶ Our hardcore customers stood by us during the crisis.
❷ GMT stands for 'Greenwich Mean Time.'
❸ She stood out in the crowd for her unique fashion style.
❹ Stan is worried (that) Liz will stand him up on the next date again.
❺ Twitter is full of this hashtag: Stand up for Myanmar.

stay

stay 는
이동이나 변화 없이 '같은 장소나 상황을 유지하다'라는 의미로 쓰인다.

away from

~로부터 떨어져 있다
~를 가까이 하지 않다

- **stay away from** drugs
  마약을 가까이 하지 않다
- **stay away from** troubles
  말썽에 말려들지 않다

- I was told to **stay away from** strangers.
  낯선 사람들 가까이 가지 말라는 말을 들었다.
- **Stay away from** the chemicals.
  그 화학 물질에 가까이 가지 마.

⊜ keep away from

The girl was told to **keep away from** the stove.
그 소녀는 스토브에 가까이 가지 말라는 말을 들었다.

behind

뒤에 남다

- **stay behind** the others
  다른 이들 뒤에 남아 있다
- **stay behind** at home
  가지 않고 집에 남아 있다

- I would rather **stay behind** by myself.
  차라리 안 가고 혼자 있을래.
- Josh had to **stay behind** after school and write his name 100 times.
  조쉬는 방과 후 남아서 자기 이름을 백 번 써야 했다.

⊜ be left behind

He'd rather choose to be **left behind** in the base camp as he had hurt his ankle.
그는 발목을 다쳐서 차라리 베이스캠프에 남는 것을 택했다.

out

밖에 있다
집으로 돌아가지 않다

- **stay out of trouble**
  말썽에 휘말리지 않다

- **stay out until late**
  늦은 시간까지 집에 돌아오(가)지
  않다

- She **stayed out** until
  5 a.m.
  그 여자는 새벽 5시까지 집에 가지
  않았다.

- They **stayed out** of
  their house all day long,
  working outside.
  그들은 밖에서 일하며 하루 종일 집
  밖에 있었다.

up

자지 않고 깨어 있다

- **stay up all night**
  자지 않고 밤을 새다

- **stay up until late**
  늦게까지 자지 않고 있다

- She **stayed up** all night,
  cramming for the exam
  the next day.
  그녀는 다음날 시험 벼락치기를 하
  느라 밤새 자지 않고 깨어 있었다.

⊜ **pull an all-nighter**

When was the first time
you pulled an all-nighter
and why?
처음으로 밤을 새워본 게 언제이고 왜
그랬나요?

숙어 표현

put

제자리에 머무르다
그대로이다

- **stay put in the ranking**
  순위가 그대로이다

- **stay put in your seat**
  네 자리에 가만히 있다

- If you are lost in a cave,
  stay put.
  동굴에서 길을 잃으면 제자리에 가만
  히 있어.

- It's not your business.
  Please know your place
  and **stay put.**
  이건 당신이 상관할 일이 아닙니다.
  당신 위치를 알고 가만히 계세요.

⊜ **stay where one is**

215

step 1 엘렌의 오빠는 브래드에게 자기 여동생과 가까이 하지 말라고 했다.

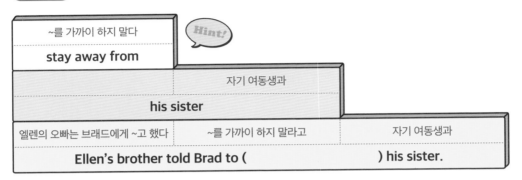

	Hint!
~를 가까이 하지 말다	
stay away from	

	자기 여동생과
	his sister

엘렌의 오빠는 브래드에게 ~고 했다	~를 가까이 하지 말라고	자기 여동생과
Ellen's brother told Brad to (	**)**	**his sister.**

step 2 두 소년은 방과 후에 남으라는 말을 들었다.

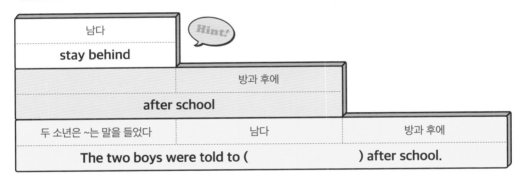

	Hint!
남다	
stay behind	

	방과 후에
	after school

두 소년은 ~는 말을 들었다	남다	방과 후에
The two boys were told to (	**)**	**after school.**

step 3 그 아이는 이 추위 속에서 몇 시간 동안 밖에 있었다.

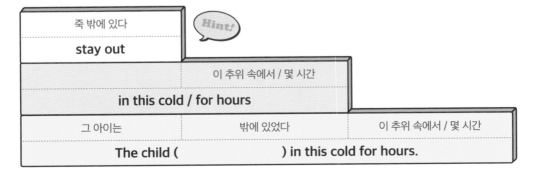

	Hint!
죽 밖에 있다	
stay out	

	이 추위 속에서 / 몇 시간
	in this cold / for hours

그 아이는	밖에 있었다	이 추위 속에서 / 몇 시간
The child (	**)**	**in this cold for hours.**

step 4 20대 때는 3일까지 밤을 새웠다.

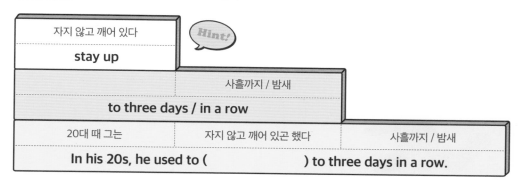

자지 않고 깨어 있다	Hint!	
stay up		
	사흘까지 / 밤새	
to three days / in a row		
20대 때 그는	자지 않고 깨어 있곤 했다	사흘까지 / 밤새
In his 20s, he used to (	**) to three days in a row.**	

step 5 강아지가 가만히 있지 않아서 사진을 못 찍었어요.

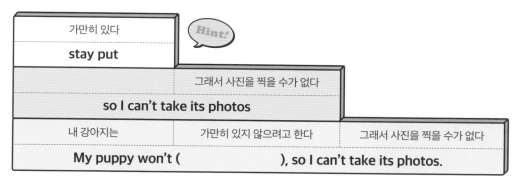

가만히 있다	Hint!	
stay put		
	그래서 사진을 찍을 수가 없다	
so I can't take its photos		
내 강아지는	가만히 있지 않으려고 한다	그래서 사진을 찍을 수가 없다
My puppy won't (	**), so I can't take its photos.**	

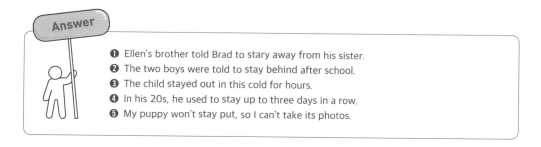

Answer

❶ Ellen's brother told Brad to stary away from his sister.
❷ The two boys were told to stay behind after school.
❸ The child stayed out in this cold for hours.
❹ In his 20s, he used to stay up to three days in a row.
❺ My puppy won't stay put, so I can't take its photos.

run ②

run 은

기본적으로 '재빨리 움직여 뛰다', '달리다'의 의미를 가지고 있다. 어떤 것이 끊이지 않고 계속 이어지는 상태를 나타낼 때도 쓰인다.

out

바닥나다
기한이 다 되다

- run out of milk
  우유가 떨어지다
- contract runs out
  계약 기간이 다 되다

- We may run out of water in the next century.
  다음 세기에는 물이 바닥날지도 모른다.
- My passport runs out soon.
  내 여권은 곧 만기야.

⇔ **expire**

My membership will expire next week.
내 회원권은 다음 주에 만기야.

over

(차가) ~을 치다

- run a rabbit over
  토끼를 치다
- be run over by a truck
  트럭에 치이다

- I'm afraid we've just run over something.
  우리 차가 지금 뭘 친 것 같아.
- He was run over by a van.
  그는 밴에 치였다.

⇔ **knock down**

The jaywalker was knocked down by a truck.
그 무단 횡단자는 트럭에 치였다.

through

(빨리) 훑어보다
검사하다

- **run through the list**
  명단을 죽 훑다
- **run through a book**
  책을 훑어보다

- I've **run through** the postings on this website.
  웹사이트의 게시 글을 죽 훑어봤어.

⊜ **skim**

I just **skimmed** the book, so I can't say anything about the line.
나는 그 책을 그냥 훑으며 읽어서 그 구절에 대해선 할 말이 없어.

up

상승하다, 오르다
치닫다, 올리다

- **run up the price**
  가격을 올리다
- **run up fares**
  운임을 올리다

- Inflation **ran up** in the 1970s most dramatically.
  인플레이션은 1970년대에 가장 극적으로 상승했다.
- They are **running up** the subway fares again!
  지하철 요금을 또 올린대!

⊜ **increase**

The city **increased** the toll for the expressway.
시 당국은 고속도로 요금을 올렸다.

with

(좋지 않은 의미로) ~와 어울리다

- **run with gangsters**
  깡패들과 어울리다
- **run with drug dealers**
  마약 거래상들과 어울리다

- He was seen **running with** drug addicts.
  그는 마약쟁이들과 어울리는 모습이 목격되었다.
- Nancy **runs with** cheer leaders and jocks these days.
  낸시는 요새 치어리더들과 스포츠 잘 하는 남자애들과 어울려 다닌다.

⊜ **hang out with**

If you **hang out with** chickens, you're going to cluck, and if you **hang out with** eagles, you're going to fly. (Steve Maraboli)
닭이랑 어울리면 꼬꼬댁 하게 되고, 독수리와 어울리면 날게 된다.

step 1 그의 운이 다해 감옥에 투옥됐다.

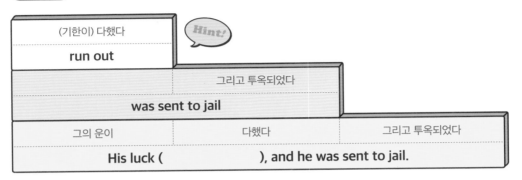

(기한이) 다했다		
run out		
	그리고 투옥되었다	
	was sent to jail	
그의 운이	다했다	그리고 투옥되었다
His luck (	), and he was sent to jail.	

step 2 그 길고양이는 어제 차에 치였다.

(차가) ~을 치다		
run over		
	차에 / 어제	
	by a car / yesterday	
그 길고양이는	치였다	차에 / 어제
The stray cat was (	) by a car yesterday.	

step 3 당신과 요점을 빨리 훑어보고 싶다.

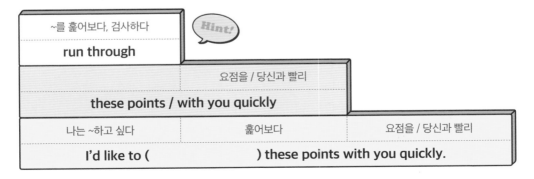

~를 훑어보다, 검사하다		
run through		
	요점을 / 당신과 빨리	
	these points / with you quickly	
나는 ~하고 싶다	훑어보다	요점을 / 당신과 빨리
I'd like to (	) these points with you quickly.	

step 4 과일과 채소 가격은 겨울 동안에 대개 오른다.

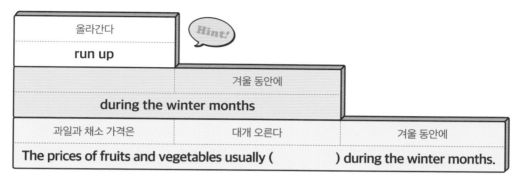

올라간다	Hint!
run up	

겨울 동안에
during the winter months

과일과 채소 가격은	대개 오른다	겨울 동안에

The prices of fruits and vegetables usually (   ) during the winter months.

step 5 내 아들은 힙학족과 어울린다.

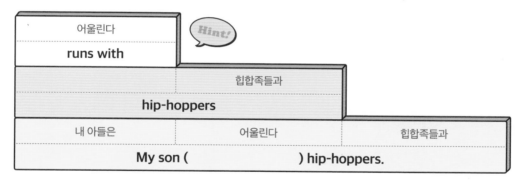

어울린다	Hint!
runs with	

힙합족들과
hip-hoppers

내 아들은	어울린다	힙합족들과

My son (   ) hip-hoppers.

Answer

❶ His luck ran out, and he was sent to jail.
❷ The stray cat was run over by a car yesterday.
❸ I'd like to run through these points with you quickly.
❹ The prices of fruits and vegetables usually run up during the winter months.
❺ My son runs with hip-hoppers.

'send off, fit in, run through, stand out, stay up' 중에 알맞은 말을 골라 박스를 채워 보세요.

Ms. Willard	Bill, so did you take a look at the Peterson Project?
Bill	Yeah. I've ❶_____ _____ it for the past two days.
Ms. Willard	What are the problems? The Peterson people said they can't communicate with Ally.
Bill	We started the planning quite well with a lot of practical items, but the implementation was just a big mess. Seems like the one in charge of implementation had no idea of how to effectively use marketing tools.
Ms. Willard	Hmm… that's why I'm ❷_____ _____ Ally away to Amsterdam. I'd like to go ahead with this project and put you in charge. Can you work on them and bring me the improved implementation measures?
Bill	Right. I need about 5 days to sort out everything.
Ms. Willard	That's perfect! It ❸_____ _____ with our new schedule. Ah, I don't want Ally to know about this.

윌러드 　빌, 피터슨 프로젝트는 검토해 봤습니까?
빌 　예. 이틀 동안 ❶ 훑어봤습니다.
윌러드 　문제가 뭐죠? 피터슨 사람들은 앨리와 의사소통이 안 된다고 하던데요.
빌 　기획은 실용적인 항목이 많은 게 아주 시작을 잘했습니다. 그런데 실행이 엉망이었습니다. 실행을 맡고 있는 사람이 마케팅 기법을 효과적으로 사용할 줄 모르는 것 같습니다.
윌러드 　흠…, 그래서 앨리를 암스테르담으로 ❷ 보내 버리는 겁니다. 이 프로젝트를 진행시키고 싶고, 당신이 맡아주었으면 좋겠어요. 이것들을 작업해서 개선된 실행 조치들을 가져올 수 있나요?
빌 　좋습니다. 모든 걸 정리하는 데 5일 정도 필요합니다.
윌러드 　좋아요! 우리의 새 일정과도 ❸ 들어맞고요. 그리고 앨리가 이건 몰랐으면 좋겠어요.

어휘 communicate 의사소통하다　practical 실제의　implementation 실행, 완성　mess 엉망진창, 곤경
improve 개선하다, 이용하다　measure 어림잡다, 맞추어 나가다

정답 ❶ run through　❷ sending off　❸ fits in

'send off, fit in, run through, stand out, stay up' 중에 알맞은 말을 골라 박스를 채워 보세요.

Eric	You look worried, Ally.
Ally	Oh, I'm kinda stressed out and I ❶ _____ _____ last night working on a project.
Eric	Are things going well?
Ally	Well, because my workload is too heavy, Ms. Willard told me to hand over one of the biggest projects to a new guy. And you know, I can't just leave everything to him. He doesn't know anything about promotion.
Eric	If it's not your job anymore, leave it.
Ally	I can't. I've been a perfectionist throughout this project to the smallest detail, and I can't just let him screw up my project.
Eric	What project is it?
Ally	Peterson's. One of the biggest names in the field. Its name is so big that it can make the planner ❷ _____ _____.
Eric	Peterson? I think Meg mentioned the name before. If it's that important, why did Willard leave it in the new guy's hand?
Ally	Well, please don't bring up her name.

에릭	걱정이 있는 것 같은데, 앨리.
앨리	아, 스트레스를 받아서. 그리고 어젯밤에 프로젝트 작업을 하느라 ❶ <u>밤을 샜어</u>.
에릭	일은 잘돼?
앨리	내 업무량이 너무 많아서 윌러드 씨가 가장 큰 프로젝트 중 하나를 새로 들어온 사람한테 넘기라고 했어. 그리고 알다시피, 나는 모든 걸 그 사람에게 못 맡기겠더라고. 그 사람은 마케팅에 대해선 아는 게 없어.
에릭	더 이상 당신 일이 아니면 그냥 내버려둬.
앨리	그렇게 못해. 이 프로젝트에 대해서는 가장 세세한 사항까지 완벽했다고. 그리고 그 사람이 내 프로젝트를 망치는 꼴은 절대 볼 수 없어.
에릭	무슨 프로젝트인데?
앨리	피터슨 건이야. 이 분야에서는 가장 큰 거래선 중 하나지. 너무 큰 회사라 기획자가 ❷ <u>눈에 띌 거야</u>.
에릭	피터슨이라고? 메그가 전에 언급했던 이름 같은데. 그런데 그렇게 중요한 걸 윌러드는 왜 새로 들어온 사람한테 맡겼지?
앨리	뭐, 그 여자 이름은 꺼내지도 마.

어휘 **workload** 작업량, 업무량 **perfectionist** 완벽주의자 **screw up** 망치다, 바짝 죄다, 능률을 올리게 하다
mention 간단히 말하다, 언급하다

정답 ❶ stayed up ❷ stand out

223

look

turn❷

live

turn❶

show

GROUP 10

turn ①

turn 은

기본적으로 '방향을 바꾸다'라는 의미가 있다. 더 발전해서 무언가를 움직이거나 돌려서 무엇의 상태가 바뀌게 하거나 그 자체로 어떤 상태로 변한다는 의미로도 쓰인다.

down

거절하다
(소리 · 볼륨을) 줄이다

- turn down an offer
  제안을 거절하다
- turn down the volume
  볼륨을 줄이다

- I turned down the job because it didn't leave enough room for my family.
  그 일자리는 가족을 위한 시간을 낼 수 없기 때문에 거절했다.

⊜ refuse

Jean-Paul Sartre refused his Nobel Prize for literature.
장-폴 사르트르는 노벨문학상을 거부했다.

in

제출하다

- turn in a report
  보고서를 제출하다
- turn in a plan
  기획서를 제출하다

- They turned in a bid for $10,000.
  그들은 만 달러에 입찰서를 제출했다.
- The residents are going to turn in a petition for redevelopment.
  그 주민들은 재개발을 위한 탄원서를 제출할 것이다.

⊜ submit

She submitted her letter of resignation last week.
그녀는 지난주에 사직서를 제출했다.

off

(스위치를) 끄다

흥미를 잃게 만들다

- turn off the lights
  불을 끄다
- turn off the radio
  라디오를 끄다

- Don't forget to turn off the heating before you leave.
  나갈 때 히터 끄는 것 잊지 마세요.
- Every effort to impress and please her just turned her off.
  그녀에게 잘 보이고 그녀를 기쁘게 하려는 모든 노력은 그저 그녀의 흥미를 더 잃게 만들 뿐이었다.

🔁 shut off

Please press the red button to shut off the system.
그 시스템을 차단하려면 빨간 버튼을 누르세요.

on

(스위치를) 켜다

의존하다, ~에 달려 있다

- turn on the switch
  스위치를 켜다
- turn on his help
  그의 도움에 의존하다

- You need to press the power button to turn it on.
  그걸 켜려면 전원 버튼을 눌러야 해.
- Her promotion turns on his decision.
  그 여자의 승진은 그의 결정에 달려 있다.

🔁 be up to

His promotion is up to the board.
그의 승진은 이사회에 달려 있다.

to

말을 걸다

관심을 ~로 돌리다

- turn to the new model
  새로운 모델에 관심을 가지기 시작하다
- turn to a new genre
  새로운 장르에 관심이 모이다

- The public turned to the young actor.
  대중들은 그 어린 배우에게 관심을 쏟기 시작했다.
- Artists today are turning to a new medium.
  오늘날 예술가들은 새로운 매체에 관심을 보이기 시작하고 있다.

🔁 go into

Netizens are going into blogging.
네티즌들은 블로깅에 관심을 쏟고 있다.

227

step 1 이 책은 작년에 출간되기 전 일곱 군데 출판사에게 거절당했다.

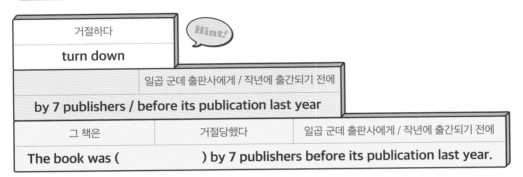

거절하다	
turn down	

	일곱 군데 출판사에게 / 작년에 출간되기 전에
by 7 publishers / before its publication last year	

그 책은	거절당했다	일곱 군데 출판사에게 / 작년에 출간되기 전에
The book was (**) by 7 publishers before its publication last year.**		

step 2 떠나기 전에 유니폼을 반납해야 합니다.

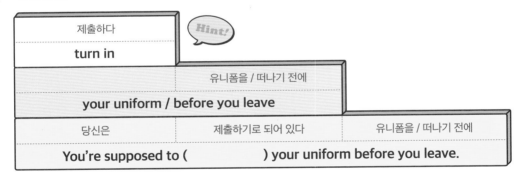

제출하다	
turn in	

	유니폼을 / 떠나기 전에
your uniform / before you leave	

당신은	제출하기로 되어 있다	유니폼을 / 떠나기 전에
You're supposed to (**) your uniform before you leave.**		

step 3 수리 작업을 시작하기 전에 전원을 꺼야 합니다.

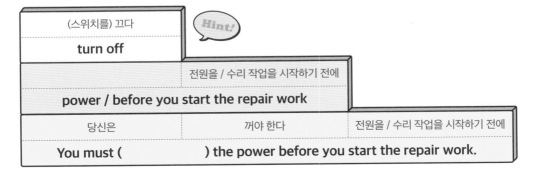

(스위치를) 끄다	
turn off	

	전원을 / 수리 작업을 시작하기 전에
power / before you start the repair work	

당신은	꺼야 한다	전원을 / 수리 작업을 시작하기 전에
You must (**) the power before you start the repair work.**		

step 4 내가 '지금'이라고 말하면 수도꼭지를 틀어주세요.

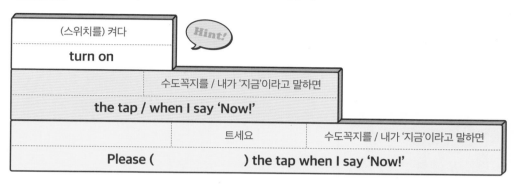

(스위치를) 켜다			Hint!
turn on			

	수도꼭지를 / 내가 '지금'이라고 말하면	
the tap / when I say 'Now!'		

	트세요	수도꼭지를 / 내가 '지금'이라고 말하면
Please ( ) the tap when I say 'Now!'		

step 5 그 말썽꾸러기 아이는 결국 범죄로 관심을 돌렸다.

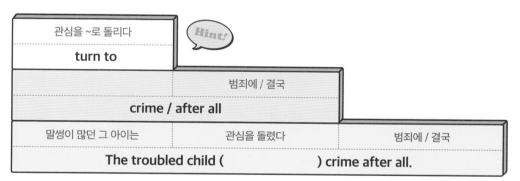

관심을 ~로 돌리다		Hint!
turn to		

	범죄에 / 결국
crime / after all	

말썽이 많던 그 아이는	관심을 돌렸다	범죄에 / 결국
The troubled child ( ) crime after all.		

Answer

❶ The book was turned down by 7 publishers before it was published last year.
❷ You're supposed to turn in your uniform before you leave.
❸ You must turn off the power before you start the repair work.
❹ Please turn on the tap when I say 'Now!'
❺ The troubled child turned to crime after all.

47 show

around

off

show 는
'보여주다'라는 기본 의미에서 발전하여 '알려주다', '남들이 보게끔 하다'라는 의미로도 쓰인다.

around

(사람을) 안내하다, 구경시키다

- **show around** the campus
  캠퍼스를 구경시켜 주다
- **show around** the floor
  작업장을 구경시켜 주다

- I'm going to **show** him **around** my hometown.
  나는 그에게 내 고향을 구경시켜 주려고 한다.
- The assistant **showed** the visitors **around** the city.
  그 비서가 방문객들에게 도시를 구경시켜 주었다.

🔄 **give a tour of**

I gave him a tour of my rose garden.
나는 그에게 내 장미 정원을 둘러보게 해 주었다.

off

과시하다, 돋보이게 하다, 자랑하다

- **show off** his new car
  그의 새 차를 과시하다
- **show off** her skills
  그녀의 기술을 과시하다

- The exhibition aims to **show off** the latest models of mobile phones.
  그 전시회는 최신 휴대폰 모델들을 보여주는 것을 목적으로 하고 있다.

🔄 **boast**

Those who boast about their SAT scores 20 years ago are just losers.
20년 전 수능 점수 자랑을 하는 사람들은 그냥 찌질이들이다.

out

나가도록 안내해 주다

* cf. show in/into는 '안으로 들어오도
록 안내하다'라는 뜻이 된다

- **show a visitor out**
  방문객이 나가도록 안내해 주다
- **show the new hire out of
  the building**
  그 신입사원이 건물 밖으로 나가도록
  안내해 주다

- The secretary **showed** the
  visitor **out** of the office.
  그 비서가 방문객을 사무실 밖으로
  안내했다.
- Martin **showed** the buyer
  out.
  마틴은 그 바이어를 밖으로 나가도록
  안내했다.

through

들여다보이다
본성이 드러나다

- **show through the blouse**
  블라우스가 비쳐서 들여다 보이다
- **personality shows
  through**
  성격이 드러나다

- The backside image of
  the document **showed
  through.**
  그 문서의 반대편 이미지가 보였다.
- His true personality
  showed through during
  the trip.
  그의 진짜 성격이 여행 동안 드러
  났다.

up

나타나다
두드러지게 하다

- **show up for work**
  일하러 오다
- **show up for the rally**
  그 집회에 나타나다

- The workers **showed up**
  for work as usual.
  근로자들은 평소와 다름없이 출근
  했다.
- Thousands of citizens
  showed up to protest.
  수천 명의 시민들이 항의를 하기 위
  해 왔다.

⇔ turn up

Many friends **turned up** at
the class reunion.
많은 친구들이 동창회에 모습을 보
였다.

231

step 1 트레이너가 체육관을 구석구석 안내해 주었다.

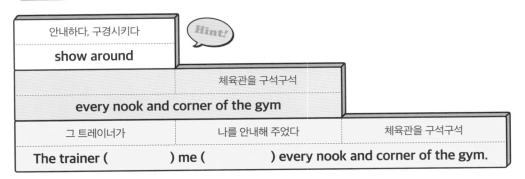

안내하다, 구경시키다   *Hint!*

show around

체육관을 구석구석

every nook and corner of the gym

| 그 트레이너가 | 나를 안내해 주었다 | 체육관을 구석구석 |

The trainer (　　　　) me (　　　　　) every nook and corner of the gym.

step 2 '플렉스'하는 사람들은 소셜미디어에서 자신들이 얼마나 부자인지 과시한다.

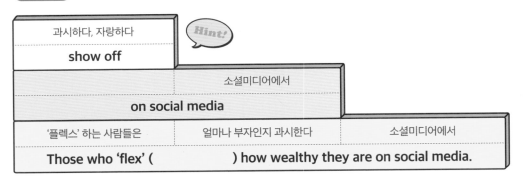

과시하다, 자랑하다   *Hint!*

show off

소셜미디어에서

on social media

| '플렉스' 하는 사람들은 | 얼마나 부자인지 과시한다 | 소셜미디어에서 |

Those who 'flex' (　　　　　) how wealthy they are on social media.

step 3 어렸을 때, 그는 학교 투어 중에 박물관에서 안내를 받지 않고 알아서 나왔다.

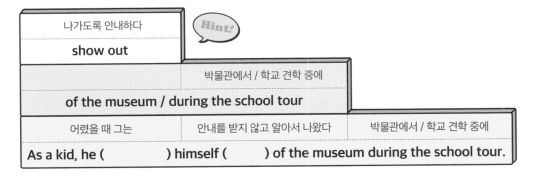

나가도록 안내하다   *Hint!*

show out

박물관에서 / 학교 견학 중에

of the museum / during the school tour

| 어렸을 때 그는 | 안내를 받지 않고 알아서 나왔다 | 박물관에서 / 학교 견학 중에 |

As a kid, he (　　　　) himself (　　　　) of the museum during the school tour.

show 구동사를 사용하여 문맥에 맞게 박스를 채워 보세요.(show-showed-shown)

step ④ 그녀의 피부에 푸르스름한 핏줄이 보였다.

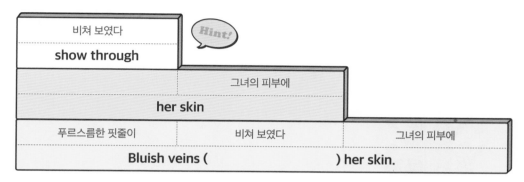

비쳐 보였다	Hint!	
show through		
	그녀의 피부에	
her skin		
푸르스름한 핏줄이	비쳐 보였다	그녀의 피부에
Bluish veins (	**)**	**her skin.**

step ⑤ 로빈은 가장 좋은 정장을 입고 인터뷰를 하러 왔다.

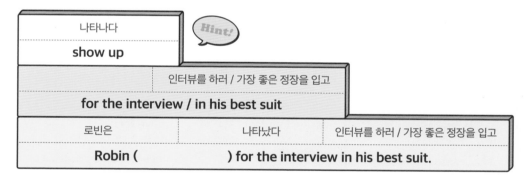

나타나다	Hint!	
show up		
	인터뷰를 하러 / 가장 좋은 정장을 입고	
for the interview / in his best suit		
로빈은	나타났다	인터뷰를 하러 / 가장 좋은 정장을 입고
Robin (	**)**	**for the interview in his best suit.**

Answer

❶ The trainer showed me around every nook and corner of the gym.
❷ Those who 'flex' show off how wealthy they are on social media.
❸ As a kid, he showed himself out of the museum during the school tour.
❹ Bluish veins showed through her skin.
❺ Robin showed up for the interview in his best suit.

live

live 는
'살다', '살아가다'의 의미를 기본으로 한다. 뒤에 붙는 전치사가 여기에 여러 가지 변형을 만들어 준다.

down

~를 잊고 살다

- live down a mistake
  실수를 잊다
- live down the past
  과거를 잊다

- He can never live down losing to Adam.
  그는 아담에게 진 것을 결코 잊을 수가 없다.
- Eve couldn't live down the memory of her deceased boyfriend.
  이브는 죽은 남자친구에 대한 기억을 잊을 수가 없었다.

for

~를 위해 살다, ~에 목숨 걸다

- live for world peace
  세계 평화를 위해 살다
- live for speed
  스피드에 목숨 걸다

- You need something to live for.
  너는 헌신할 대상이 필요해.
- He lived for music all his life.
  그는 평생을 음악에 헌신했다.

on

~로 먹고 살다, ~로 생계를 잇다

- **live on rice**
  쌀을 먹고 살다(쌀이 주식이다)
- **live on a small income**
  작은 수입에 의존해 살다

- They **lived on** just water for 10 days.
  그들은 열흘 동안 물만 먹고 살았다.
- He **lived on** 5 dollars a day for a month.
  그는 한 달 동안 하루 5달러로 먹고 살았다.

through

~를 겪고 살아남다

- **live through the winter**
  그 겨울을 버티고 살아남다
- **live through the war**
  전쟁을 겪고 살아남다

- She learned to **live through** the pain and look on the bright side.
  그녀는 그 고통들을 견디고 살아남아 (삶의) 밝은 면들을 보는 법을 배웠다.

up to

~에 걸맞게 살다,
(이상 등)에 맞추어 살다

* up to는 '~까지'라는 의미가 있다. '~까지 미칠(reach) 정도로'라는 의미로 어떤 기준이나 이상 등에 맞는 정도로 사는 것을 의미한다.

- **live up to your age / its name**
  나이 값 / 이름값을 하고 살다
- **live up to his expectations**
  그의 기대에 부응하며 살다

- He always **lived up to** his ideals.
  그는 항상 자신의 이상에 맞추어 살았다.
- You need to **live up to** your promise.
  약속에 맞추어 살아야 한다.

⇔ **fulfill**

The boy **fulfilled** his dream of being a Harvard student.
그 소년은 하버드대 학생이 되는 자신의 꿈을 이루었다.

step ① 우리는 절대 주권을 잃었던 굴욕을 잊고 살지 않을 것이다.

~를 잊고 살다	Hint!	
live down		

	주권을 잃었던 굴욕을	
the humiliation of having lost sovereignty		

우리는 절대 아니다	주권을 잃었던 굴욕을	잊고 살다
We will never (	) the humiliation of having lost sovereignty.	

step ② 엄마는 자식들을 위해 산다. 그래서 자식들을 위해 죽을 수도 있다.

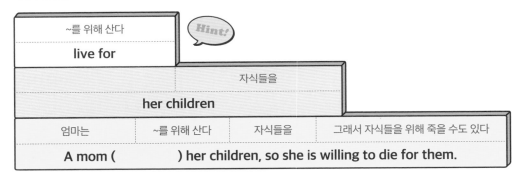

~를 위해 산다	Hint!	
live for		

	자식들을	
her children		

엄마는	~를 위해 산다	자식들을	그래서 자식들을 위해 죽을 수도 있다
A mom (	) her children, so she is willing to die for them.		

step ③ 노동자들이 월급으로 먹고사는 것이 점점 어려워지고 있다.

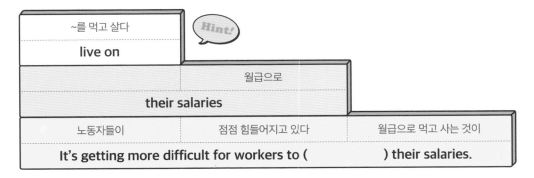

~를 먹고 살다	Hint!	
live on		

	월급으로	
their salaries		

노동자들이	점점 힘들어지고 있다	월급으로 먹고 사는 것이
It's getting more difficult for workers to (	) their salaries.	

live 구동사를 사용하여 문맥에 맞게 박스를 채워 보세요.(live-lived-lived)

step ④ 어미 늑대는 이번 겨울을 넘기지 못할 것 같다.

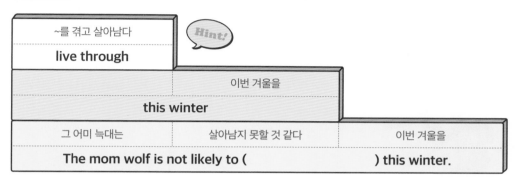

~를 겪고 살아남다	Hint!	
live through		
	이번 겨울을	
	this winter	
그 어미 늑대는	살아남지 못할 것 같다	이번 겨울을
The mom wolf is not likely to (	**)**	**this winter.**

step ⑤ 많은 여성들이 이상적인 신체 이미지에 미치지 못한다고 느낀다.

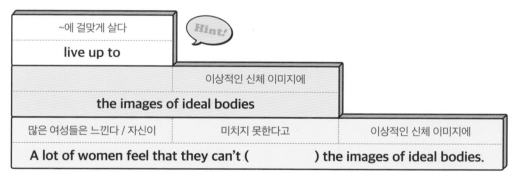

~에 걸맞게 살다	Hint!	
live up to		
	이상적인 신체 이미지에	
	the images of ideal bodies	
많은 여성들은 느낀다 / 자신이	미치지 못한다고	이상적인 신체 이미지에
A lot of women feel that they can't (	**)**	**the images of ideal bodies.**

Answer

❶ We will never live down the humiliation of having lost sovereignty.
❷ A mom lives for her children, so she is willing to die for them.
❸ It's getting more difficult for workers to live on their salaries.
❹ The mom wolf is not likely to live through this winter.
❺ A lot of women feel that they can't live up to the images of ideal bodies.

look②

look 은

어떤 대상을 '시야에 들어오게 해서 본다'는 의미에서 출발해서 '검토하다', '살피다'라는 의미로도 쓰인다.

forward to

~를 학수고대하다

* 이때 to는 'to부정사'의 to가 아니라 전치사다.
** 단순 시제와 진행형 두 시제 모두 써도 된다.

- **look forward to Christmas**
  크리스마스를 학수고대하다
- **look forward to your reply**
  당신의 답신을 기다리다

- **I'm really looking forward to getting started with the photography class.**
  그 사진 수업을 시작하는 걸 정말로 학수고대하고 있어요.

🔁 **be excited about**

Students **were excited about** the upcoming prom.
학생들은 다가오는 졸업무도회를 학수고대했다.

into

조사하다, 연구하다
자세히 들여다보다

- **look into the new technology**
  새로운 기술을 연구하다
- **look into space**
  우주를 연구하다

- **Environmentalists are looking into global warming.**
  환경론자들이 지구 온난화를 연구하고 있다.
- **They are looking into the possibility of an M&A.**
  그들은 인수합병 가능성을 조사하고 있다.

🔁 **examine**

Forensic doctors are **examining** the body found in a pond in Paterson.
법의학자들이 패터슨의 한 연못에서 발견된 시신을 조사하고 있다.

look 동사의 주요 쓰임을 살펴보세요.

정리
Box

out for	**up**	**up to**
눈여겨보다, 주의 깊게 보다, ~를 조심하다 * look out만 쓰면 '조심하다'는 자동사구이다.	(사전 등에서) ~을 찾아보다	올려다 보다 존경하다 * 올려다(up) 보는(look) 것이므로 '존경하다'의 의미로 새길 수 있다.

---

out for

• look out for Internet scams
인터넷 사기에 주의하다

• look out for bullies
일진들을 조심하다

• I'll tell you things to look out for as backpackers.
배낭 여행자로서 조심해야 할 것을 얘기해 줄게.

• You need to look out for MSG.
화학조미료를 조심하세요.

⊜ **watch out for**

You need to watch out for phone scams.
보이스 피싱을 조심해야 합니다.

---

up

• look a word up in the dictionary
사전에서 단어를 찾아보다

• look up his number in the directory
그의 전화번호를 전화번호부에서 찾다

• You should learn to look up words in the dictionary.
사전에서 단어 찾는 법을 배워야 한다.

⊜ **consult**

You better consult a dictionary for the collocation.
그 연어(連語)는 사전에서 찾아보는 게 좋겠다.

---

up to

• look up to the sky
하늘을 올려다 보다

• look up to his father
그의 아버지를 존경하다

• Dogs look up to their human masters.
개들은 사람 주인들을 올려다 본다.

• Tom Peters is a business guru much looked up to.
톰 피터스는 존경 받는 비즈니스 스승이다.

⊜ **respect**

Laura respected the guru for his spiritual guidance.
로라는 영적인 지도에 대해 그 구루(정신적 스승)를 존경했다.

239

step ① 우리는 다음 날을 학수고대하게 만들어 주는 무언가를 가지고 있어야 한다.

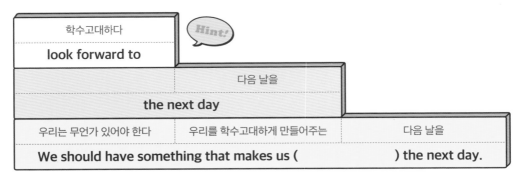

학수고대하다		
look forward to		

	다음 날을	
	the next day	

우리는 무언가 있어야 한다	우리를 학수고대하게 만들어주는	다음 날을

We should have something that makes us (   ) the next day.

step ② 경찰이 그의 실종을 조사하고 있다.

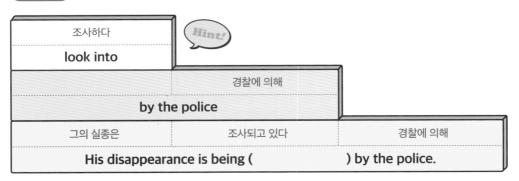

조사하다		
look into		

	경찰에 의해	
	by the police	

그의 실종은	조사되고 있다	경찰에 의해

His disappearance is being (   ) by the police.

step ③ 이메일로 보고서를 보내기 전에 오타를 눈여겨봐야 해요.

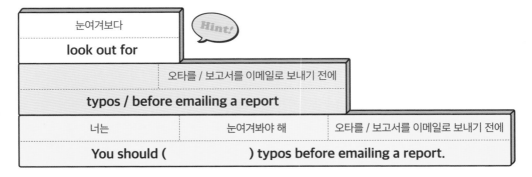

눈여겨보다		
look out for		

	오타를 / 보고서를 이메일로 보내기 전에	
	typos / before emailing a report	

너는	눈여겨봐야 해	오타를 / 보고서를 이메일로 보내기 전에

You should (   ) typos before emailing a report.

240

step 4 참고 문헌 목록에서 그 작가 이름을 찾아보는 게 어때?

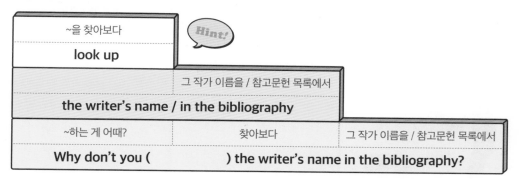

~을 찾아보다	Hint!	
look up		
	그 작가 이름을 / 참고문헌 목록에서	
the writer's name / in the bibliography		
~하는 게 어때?	찾아보다	그 작가 이름을 / 참고문헌 목록에서
Why don't you (	**) the writer's name in the bibliography?**	

step 5 그 팝 가수는 시간이 지나면서 많은 사람들이 우러러보는 공적인 인물이 되었다.

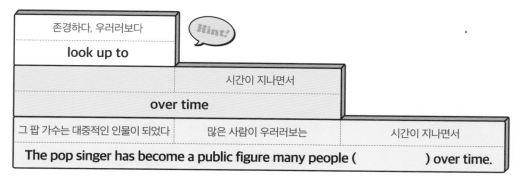

존경하다, 우러러보다	Hint!	
look up to		
	시간이 지나면서	
over time		
그 팝 가수는 대중적인 인물이 되었다	많은 사람이 우러러보는	시간이 지나면서
The pop singer has become a public figure many people (	**) over time.**	

Answer

❶ We should have something that makes us look forward to the next day.
❷ His disappearance is being looked into by the police.
❸ You should look out for typos before emailing a report.
❹ Why don't you look up the writer's name in the bibliography?
❺ The pop singer has become a public figure many people look up to over time.

turn ②

turn 은
기본적으로 '방향을 바꾸다'라는 의미가 있다. 더 발전해서 무언가를 움직이거나 돌려서 무엇의 상태가 바뀌게 하거나 그 자체로 어떤 상태로 변한다는 의미로도 쓰인다.

into

A를 B로 바꾸다, ~로 바뀌다

- turn a small town into a resort place
  작은 마을을 휴양지로 바꾸다
- turn into a frog
  개구리로 바뀌다

- They plan to turn the deserted land into a park.
  그들은 그 버려진 땅을 공원으로 바꿀 계획이다.
- Water turns into ice at zero degree Celsius.
  영하에서 물은 얼음으로 바뀐다.

⊜ **change into**

The lake changed into a swamp.
그 호수는 늪지로 변했다.

over

(권리 등을) 넘기다
페이지를 넘기다

- turn over the power
  권력을 넘기다
- turn over the pages
  페이지를 넘기다

- He turned over ownership of the company.
  그는 회사의 소유권을 넘겼다.
- She told her students to turn over the page.
  그녀는 학생들에게 책장을 넘기라고 했다.

⊜ **transfer**

He transfered the real estate to his son.
그는 아들에게 그 부동산을 넘겼다.

out

생산하다, 제조하다
~인 것으로 드러나다

- **turn out toys**
  장난감을 생산하다
- **turn out a failure**
  실패적으로 끝나다

- **They are turning out
  3,000 TV monitors a day.**
  그들은 매일 3천 대의 TV를 생산하고 있다.
- **It turned out that she
  had told a lie to us.**
  그 여자가 우리에게 거짓말을 했다는 것이 드러났다.

⊜ **produce**

The multinational company has two plants in Vietnam which **produce** 25% of their whole production.
그 다국적 기업은 베트남에 공장 두 개가 있어서 전체 생산량의 25%를 거기서 생산한다.

to

의지하다
(특히 좋지 않은 것에) 손대다
사용하기 시작하다

- **turn to someone**
  누군가에게 의지하다
- **turn to drugs**
  마약에 의존하다

- **The elderly lady has
  nobody to turn to.**
  그 할머니는 의지할 사람이 아무도 없다.
- **She turned to sleeping
  pills every night.**
  그 여자는 매일 밤 수면제에 의존했다.

⊜ **rely on**

You can **rely on** his accuracy in the coding job.
코딩 업무에 있어서는 그 사람의 정확성을 믿으셔도 됩니다.

up

(스위치를) 켜다
(볼륨을) 높이다
(예기치 않게) 일어나다/나타나다

- **turn up the lamp**
  램프 불을 더 밝게 하다
- **turn up the volume**
  볼륨을 높이다

- **When he drives, he
  always turns up the
  volume of his car stereo.**
  그는 운전을 할 때 항상 자동차 스테레오의 볼륨을 높인다.
- **Let's wait and see what
  will turn up.**
  일이 어떻게 되는지 기다려 보자.

⊜ **appear**

The audience got excited as the singer **appeared** on the stage.
그 가수가 무대에 나타나자 관중들이 열광했다.

step 1 연금술사는 헛되게도 납을 황금으로 만들려고 했다.

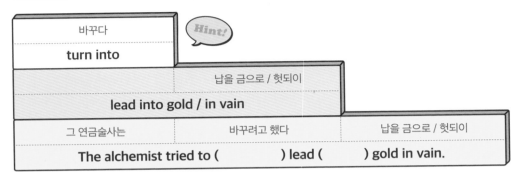

바꾸다	Hint!	
turn into		
	납을 금으로 / 헛되이	
lead into gold / in vain		
그 연금술사는	바꾸려고 했다	납을 금으로 / 헛되이
The alchemist tried to ( ) lead ( ) gold in vain.		

step 2 이제 너의 새로운 삶을 시작할 때다.

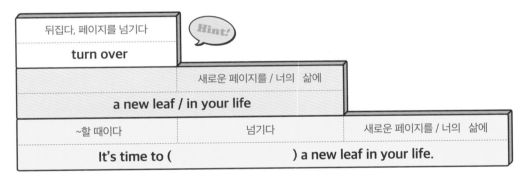

뒤집다, 페이지를 넘기다	Hint!	
turn over		
	새로운 페이지를 / 너의 삶에	
a new leaf / in your life		
~할 때이다	넘기다	새로운 페이지를 / 너의 삶에
It's time to ( ) a new leaf in your life.		

step 3 전 세계적으로 매주 수천 개의 게임이 출시되고 있다.

생산하다, 제조하다	Hint!	
turn out		
	매주 / 전 세계적으로	
every week / around the world		
수천 개의 게임이	생산되고 있다	매주 / 전 세계적으로
Thousands of games are ( ) every week around the world.		

turn 구동사를 사용하여 문맥에 맞게 박스를 채워 보세요.(turn-turned-turned)

step 4 그녀는 세상에 의지할 사람이 아무도 없다고 느꼈다.

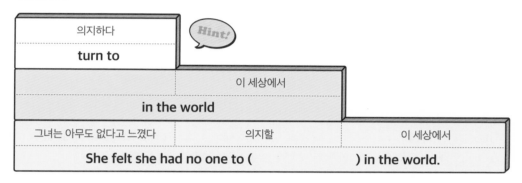

의지하다	Hint!
turn to	

이 세상에서
in the world

그녀는 아무도 없다고 느꼈다	의지할	이 세상에서
She felt she had no one to (	**)**	**in the world.**

step 5 오직 두 명의 시의원만이 그 공청회에 나타났다.

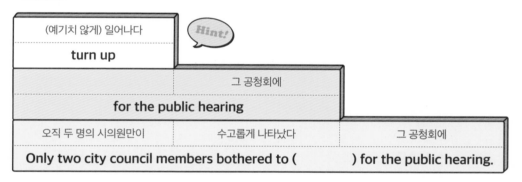

(예기치 않게) 일어나다	Hint!
turn up	

그 공청회에
for the public hearing

오직 두 명의 시의원만이	수고롭게 나타났다	그 공청회에
Only two city council members bothered to (	**)**	**for the public hearing.**

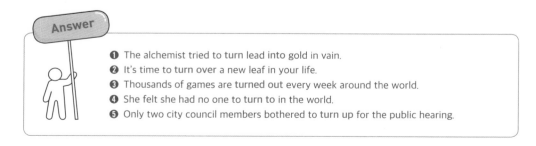

Answer

❶ The alchemist tried to turn lead into gold in vain.
❷ It's time to turn over a new leaf in your life.
❸ Thousands of games are turned out every week around the world.
❹ She felt she had no one to turn to in the world.
❺ Only two city council members bothered to turn up for the public hearing.

'show around, look forward to, turn out, live up to' 중에 알맞은 말을 골라 빈 박스를 채워 보세요.

Heather   Ms. Ally Jones?

Ally   Yes. Are you from the Forum?

Heather   Yes, welcome to Amsterdam. I'll ❶_____ you _____ our Forum venue and exhibition pavilions. This way, please.

Ally   Great! I've been ❷_____ _____ _____ it!

Heather   I'm really happy to have you as a presenter. Everyone wants to hear about your successful online advertising for big names like Loren and Cap.

Ally   Oh, it's my team that made it possible, not just me.

Heather   Yeah, but you are the leader and you knew everything from the start!

Ally   (With a fake smile) Of course! When we first launched online advertising, we had to do it from scratch. Nobody had ever thought such big names would be into social media campaigns.

Heather   Personally, I can't wait to hear how you persuaded them into it.

헤더	앨리 존스 씨?
앨리	네, 포럼 분이세요?
헤더	네, 암스테르담에 잘 오셨어요. 저희 포럼장과 전시관들을 ❶ 구경시켜 드릴게요. 이리 오세요.
앨리	좋아요! ❷ 정말 기대하고 있었어요!
헤더	당신을 발표자로 모시게 돼서 정말 기뻐요. 모두들 당신이 로렌이나 캡 같은 큰 회사를 위해 성공적으로 온라인 홍보를 한 이야기를 듣고 싶어 해요.
앨리	아, 그걸 이루어낸 건 우리 팀이죠. 저 혼자 한 일이 아니에요.
헤더	네, 하지만 당신이 처음부터 팀장이었잖아요!
앨리	(억지 미소를 지으며) 그럼요! 우리가 처음 온라인 홍보를 시작했을 때엔 맨땅에 헤딩해야 했어요. 그런 큰 회사들이 온라인 캠페인을 할 거라고 아무도 생각을 못했으니까요.
헤더	개인적으로 저는 당신이 그 회사들을 어떻게 설득해서 소셜 미디어 홍보를 하게 만들었는지 정말 듣고 싶어요.

어휘   venue 장소 exhibition 전람회, 박람회 pavilion 전시관, 별채 forged 위조의, 가짜의 launch 시작하다, 착수하다 scratch 출발선 persuade 설득하다

정답   ❶ show around ❷ looking forward to

'show around, look forward to, turn out, live up to' 중에 알맞은 말을 골라 빈 박스를 채워 보세요.

Heather This year the young ad people's contribution is superb. They ❶ _____ _____ brilliant ideas about social media advertising. Look, you can see the presentation topics and presenters in this pamphlet.

Ally Hmm... the topics sound very interesting.

Heather Yeah, they are ❷ _____ _____ _____ our expectations. Especially, a young American woman's presentation is very provocative. What was her name? Let me see... Meg Hutchinson? It's on page 32.

Ally Sorry?

Heather There, Meg Hutchinson. She ❸ _____ _____ an article which covered the best social media advertising techniques. Oh, she also addresses how to attract your customers on social media. These young ad people are the very life of our forum. Ms. Jones? Is something wrong?

Ally No, I am just a little bit tired. Maybe because of jet lag.

헤더 올해엔 젊은 광고인들의 작품이 정말 뛰어나요. 소셜 미디어 홍보에 대해 멋진 아이디어들을 ❶ 냈더라고요. 보세요, 발표 주제와 발표자들이 이 팸플릿에 나오거든요.

앨리 음…, 주제가 아주 재미있겠는걸요.

헤더 네. 우리 ❷ 기대만큼 해 주고 있어요. 특히 한 젊은 미국 여성의 발표가 아주 도발적인 것 같아요. 이름이 뭐더라? 어디 보자…, 메그 허친슨? 여기 32페이지에 나오네요.

앨리 뭐라고요?

헤더 여기 메그 허친슨요. 이 사람이 최고의 소셜 미디어 홍보 테크닉에 대한 논문을 하나 ❸ 냈거든요. 아, 이 사람도 고객을 소셜 미디어에서 유치하는 법을 다루고 있군요. 이 젊은 광고인들이 우리 포럼의 생명이죠. 존스 씨? 뭐가 잘못됐나요?

앨리 아뇨, 그냥 좀 피곤해서요. 시차 때문인가 봐요.

어휘 **contribution** 공헌, 기여 **superb** 최고의, 멋진 **brilliant** 훌륭한, 멋진 **expectation** 기대, 예상
intriguing 흥미를 자아내는 **jetlag** 시차로 인한 피로

정답 ❶ turned out ❷ living up to ❸ turned out

박스만 채우면 영어회화가 되는
BOX ENGLISH

| 초판 1쇄 | 발행일 | 2021년 9월 10일 |
| 초판 2쇄 | 발행일 | 2021년 9월 24일 |

지은이 　　조이스 박
펴낸이 　　유성권

편집장 　　양선우
책임편집 　　윤경선 　　　편집 　　신혜진 임용옥
해외저작권 　　정지현 　　　홍보 　　최예름 정가량 　　　디자인 　　박정실
마케팅 　　김선우 강성 최성환 박혜민 김민지
제작 　　장재균 　　　물류 　　김성훈 고창규

펴낸곳 　　㈜이퍼블릭
출판등록 　　1970년 7월 28일, 제1-170호
주소 　　서울시 양천구 목동서로 211 범문빌딩 (07995)
대표전화 　　02-2653-5131 | 팩스 02-2653-2455
메일 　　loginbook@epublic.co.kr
포스트 　　post.naver.com/epubliclogin
홈페이지 　　www.loginbook.com
인스타그램 　　@book_login

- 이 책은 저작권법으로 보호받는 저작물이므로 무단 전재와 복제를 금지하며,
  이 책 내용의 전부 또는 일부를 이용하려면 반드시 저작권자와 ㈜이퍼블릭의 서면 동의를 받아야 합니다.
- 잘못된 책은 구입처에서 교환해 드립니다.
- 책값과 ISBN은 뒤표지에 있습니다.

로그인 은 ㈜이퍼블릭의 어학·자녀교육·실용 브랜드입니다.